Siegfried Ripperger

Schriftliche Ausarbeitungen in technischen Disziplinen

- unter besonderer Beachtung der Fachzeitschriften

Eine **IES**-Publikation

Eine **IES**-Publikation

<hr>

„Geschriebenes ist dem Gesprochenen vorzuziehen, und Gedrucktes ist noch besser."

Karl Popper[1]

<hr>

[1] Karl Popper, Ausgangspunkte. Hamburg 1979, S. 266

Siegfried Ripperger

Schriftliche Ausarbeitungen in technischen Disziplinen

- unter besonderer Beachtung der Fachzeitschriften

1. Auflage

IES GmbH
Information and Engineering Services

Prof. Dr.-Ing. Siegfried Ripperger
Technische Universität Kaiserslautern

Bibliografische Information der Deutschen Nationalbibliothek:
Die Deutsche Bibliothek verzeichnet diese Publikation in der Deutschen
Nationalbibliografie. Ein Titeldatensatz ist bei der Deutschen Bibliothek erhältlich.
Siehe auch: http://www.dnb.de

Satz: Digitale Druckvorlage des Autors

978-3-8495-9050-5 (Paperback)
978-3-8495-9051-2 (Hardcover)
978-3-8495-9052-9 (e-Book)

Vorwort

Ingenieure und Naturwissenschaftler müssen im Zusammenhang mit ihrer Berufsausübung Berichte, Anträge, Protokolle und Veröffentlichungen anfertigen. Bereits während des Studiums sind Studien-, Beleg-, Haus-, Diplom- bzw. Bachelor- und Masterarbeiten auszuarbeiten. In der Regel werden die Studenten darauf nicht systematisch vorbereitet. Einige bringen aufgrund ihrer Schulbildung und Begabung gute Voraussetzungen mit und gehen mit großem Interesse ans Werk. Andere tun sich dagegen schwer und betrachten das Schreiben als ein notwendiges Übel. Vielen ist oft nicht bewusst, dass das Ausarbeiten von Texten zu ihren späteren Aufgaben gehören wird.

Während meiner Berufstätigkeit in einem großen Chemiekonzern und später als Hochschullehrer habe ich viel Zeit für das Abfassen von Entwicklungs- und Forschungsberichten, Forschungsanträgen, Veröffentlichungen in Zeitschriften und Buchbeiträgen aufgewendet. Dabei wurde mir klar, wie wichtig ein guter Ausdruck ist, und welche große Bedeutung schriftlichen Beiträgen beigemessen wird. Vor 25 Jahren übernahm ich die Schriftleitung der Fachzeitschrift „Filtrieren und Separieren", die heute im VDL-Verlag erscheint. Seit dieser Zeit kümmere ich mich um den redaktionellen Inhalt der Zeitschrift und die Qualität der Beiträge. Dies beinhaltet u. a. auch das Sichten und Lesen zahlreicher Manuskripte, Pressemitteilungen und anderer schriftlicher Ausarbeitungen. Dabei konnte ich feststellen, dass manche der eingereichten Texte nicht den Anforderungen für eine Veröffentlichung genügten. Oft wird ein langer Text abgefasst, jedoch nur wenige Fakten mitgeteilt.

Das hat mich bewogen diese Anleitung zu schreiben. Sie soll Mitarbeiter und Studenten natur- und ingenieurwissenschaftlicher Disziplinen bei der Ausarbeitung von schriftlichen Ausarbeitungen unterstützen. Es werden kurz verschiedene Formen schriftlicher Ausarbeitungen behandelt, und dem Abfassen von Beiträgen für Fachzeitschriften eine besondere Aufmerksamkeit

geschenkt. Zuletzt werden auch die Veränderungen durch die „neuen Medien"
behandelt.

Gonbach, im Dezember 2014

S. Ripperger

Inhalt

1 Schriftliche Ausarbeitungen und ihre Bedeutung

1.1 Einführung

Das Abfassen von Briefen, Berichten, Vortragsmanuskripten, Zeitschriftenbeiträgen und Anträgen gehört zu den Aufgaben eines jeden Ingenieurs und Naturwissenschaftlers und erfordert einen großen Teil seiner Arbeitszeit. Dabei ist es wichtig Informationen, Ergebnisse oder Anfragen so aufzubereiten, dass sie für den Empfänger verständlich und nützlich sind. Von einem Autor[1] wird dazu logisches Denken sowie eine sachgerechte und empfängerorientierte Auswahl, Aufbereitung und Darstellung der Inhalte gefordert. Über viele Jahrzehnte haben sich für Berichte, Fachaufsätze, Anträge und Vortragsmanuskripte formale Standards herausgebildet, die das Verstehen der Inhalte fördern und die man heute beachten sollte. Bei vielen schriftlichen Ausarbeitungen im Bereich der Ingenieur- und Naturwissenschaften wird erwartet, dass man diese Standards kennt und berücksichtigt. Es ist daher ratsam nur in Ausnahmen und wohl überlegt davon abzuweichen.

Grundsätzlich ist eine schriftliche Ausarbeitung das Werk eines Autors oder mehrerer Autoren, die alle Freiheiten haben sie abzufassen und zu gestalten, wie sie wollen. Beim Abfassen sollte man sich jedoch bereits fragen, wie die schriftliche Ausarbeitung vom Leser aufgenommen wird. Es sollte dabei bereits bedacht werden, dass der Autor bzw. die Autoren zu jeder Zeit das Werk (Inhalt und Form) zu vertreten haben und mit ihm in Verbindung stehen. Sie werden oft nach ihm beurteilt.

Während des Studiums eines ingenieur- und naturwissenschaftlichen Faches wird das Abfassen von Texten in der Regel nicht gesondert gelehrt. Die Studenten sollen aufbauend auf ihrem Schulwissen das Schreiben von Texten

---

[1] Aus Gründen der Lesbarkeit wird im Folgenden auf eine geschlechtsneutrale Formulierung des Wortes „Autor" verzichtet. Es sind immer beide Geschlechter im Sinne der Gleichbehandlung angesprochen.

mit dem Studium der einzelnen Fachgebiete vertiefen. Je nach Prüfungsordnung sind Laborberichte sowie Haus- und Studienarbeiten anzufertigen. Das Studium wird in der Regel mit einer umfangreicheren Abschlussarbeit, die meist auch im Rahmen eines Vortrages vorgestellt wird, abgeschlossen. Mit dieser Arbeit soll der Nachweis erbracht werden, dass der Student bzw. die Studentin zur selbstständigen wissenschaftlichen Arbeit befähigt ist. Viele der genannten schriftlichen Ausarbeitungen sind auch Prüfungsleistungen. Sie werden als solche benotet und beeinflussen, je nach Gewichtung, mehr oder weniger stark das Ergebnis des Studienabschlusses.

Bei Dissertationen müssen ebenfalls anerkannte Regeln beachtet werden. Sie sind Prüfungsleistungen, so dass ihre inhaltliche und formale Abfassung für die Bewertung durch die Gutachter und Prüfungskommission relevant ist. Auch bei Dissertationen ist es wichtig, dass die eigenständige wissenschaftliche Arbeit klar und in nachvollziehbaren Schritten beschrieben wird.

Beim Einstieg ins Berufsleben wird das Spektrum der geforderten schriftlichen Ausarbeitungen meist noch beträchtlich erweitert. Von Ingenieuren und Naturwissenschaftlern wird nicht nur gefordert, dass sie das erlernte Wissen kreativ anwenden können, sondern auch, dass sie z. B. im Rahmen einer Projektbearbeitung die Vorgehensweise, die angewandten Methoden sowie die damit gewonnenen Ergebnisse und Erkenntnisse verständlich darstellen und erläutern. Das geschieht z. B. in Form von Präsentationen, Berichten oder Fachaufsätzen. Dabei sollten komplexe Zusammenhänge klar und so einfach wie möglich vermittelt werden.

Mit einem guten schriftlichen Beitrag und ggf. mit dem zugehörigen Vortrag kann man einen bleibenden positiven Eindruck hinterlassen. In diesem Zusammenhang kommt den mit der beruflichen Tätigkeit angefertigten schriftlichen Ausarbeitungen eine besondere Bedeutung zu. So wie der gewandte sprachliche Ausdruck gepaart mit guten Fachkenntnissen bei mündlichen Prüfungen und Präsentationen von großem Vorteil ist, so ist das Abfassen von guten schriftlichen Fachbeiträgen und Ausarbeitungen oft entscheidend für die weitere Entwicklung. Bei Kollegen und Vorgesetzten in Unternehmen und bei Kunden kann man mit guten schriftlichen Ausarbeitungen oft eine positive Wirkung erzielen.

- *Gründe und Ziele schriftlicher Ausarbeitungen*

Der Schreibende verfolgt mit einem schriftlichen Beitrag meistens ein bestimmtes Ziel. Der Anlass zur Abfassung einer schriftlichen Ausarbeitung und das mit ihr verfolgte Ziel können sehr verschieden sein. Entsprechend unterschiedlich sind die Anforderungen, denen der schriftliche Beitrag genügen muss. Der Schreibende muss sich den Anforderungen bewusst sein und ihnen beim Schreiben gerecht werden. Entsprechend haben sich verschiedene Formen herausgebildet, die in Kapitel 2 näher behandelt werden. Zunächst werden einige Anlässe und Zielsetzungen behandelt, die vielen schriftlichen Arbeiten zugrunde liegen.

1.2   Texte als eine Kommunikationsform zwischen Personen

Briefe, Berichte und Veröffentlichungen sind ein Teil der Kommunikation zwischen Personen. Sie beinhalten u. a. den Austausch von Meinungen, Ideen, Hypothesen sowie theoretischen oder experimentellen Ergebnissen. Das Mitgeteilte wird zur Kenntnis genommen, kritisch bewertet und ggf. auch kommentiert. Es muss daher verständlich und nachvollziehbar sein. Mit Berichten und Veröffentlichungen in Fachzeitschriften geben Autoren Ergebnisse von Entwicklungs- oder Forschungsarbeiten bekannt und übernehmen dabei auch die Gewähr für den Inhalt. Erst mit der Veröffentlichung werden die Inhalte für eine Kritik und Überprüfung zugänglich gemacht. Sie geben Anlass für eine Auseinandersetzung und Diskussion, die bei einer Veröffentlichung dann auch öffentlich geführt werden kann.

Nach der „Logik der Forschung" von Karl Popper[1] besteht die zwingende Aufgabe, wissenschaftliche Aussagen oder Theorien zu formulieren bzw. zu beschreiben und zu veröffentlichen. Erst dann können sie von anderen geprüft und den schärfsten Kritiken ausgesetzt werden, um herauszufinden, ob bzw. wo man sich geirrt hat.[2] Nur wenn sie veröffentlicht sind, können sie von vielen hinterfragt und im Laufe dieses Prozesses als „wissenschaftlich

---

[1] Karl R. Popper: Logik der Forschung", Julius Springer Verlag, Wien (1935).
[2] Karl R. Popper: „Ausgangspunkte", Verlag Hoffmann und Campe Hamburg (1979), S. 118.

untermauert", „empirisch überprüft" bzw. „wissenschaftlich erwiesen" oder als „wissenschaftlich widerlegt" gelten.

Mehrere Autoren tragen die Verantwortung für den Inhalt einer Veröffentlichung stets gemeinsam. Die meisten Autoren der Fachdisziplinen veröffentlichen ihre Arbeiten im Bewusstsein, dass nur derjenige, welcher seine Arbeiten und Ergebnisse „veröffentlicht", eine Erweiterung des Wissensstandes leistet. Sie dokumentieren mit dem Veröffentlichten ihre Tätigkeiten und Leistungen und geben praktisch über ihre Arbeit Rechenschaft ab. Die Leistungen werden erst durch den Prozess der Mitteilung bzw. Veröffentlichung der Ergebnisse bekannt und anerkannt.

Bei Entwicklungs- und Forschungsprojekten werden in bestimmten zeitlichen Abständen Berichte als Beleg für die erbrachten Arbeiten und die erzielten Ergebnisse gefordert. In Unternehmen werden mit den Arbeiten wirtschaftliche Zielsetzungen verfolgt, so dass der schriftlich dokumentierte Stand der Entwicklung und Forschung und der erzielte Fortschritt von großer Bedeutung für die zukünftigen Entwicklungen im Unternehmen sind. Entsprechend sorgfältig müssen auch die für das interne Berichtswesen ausgearbeiteten Berichte angefertigt werden.

Den Lesern erschließt sich mit Berichten und Veröffentlichungen der Stand des Wissens zu einem bestimmten Thema oder Fachgebiet. Öffentliche Geber von Forschungsmitteln haben ein großes Interesse daran, dass die mit diesen Mitteln erzielten Forschungsergebnisse einem großen Publikum mitgeteilt werden, damit sich darauf aufbauend ein technischer Fortschritt entwickeln kann. In diesem Zusammenhang erkennt man jedoch auch, dass es im Interesse eines Unternehmens liegen kann, Berichte nur intern zu nutzen, um das Know-how des Unternehmens zu dokumentieren, jedoch es nicht einer breiten Öffentlichkeit zugänglich zu machen.

1.3 Schriftliche Ausarbeitungen als Wissensspeicher

Schriftliche Ausarbeitungen sind notwendig, um Wissen zu erfassen und zu dokumentieren. Dazu dienen seit vielen Jahrhunderten die wissenschaftlichen Bibliotheken. Sie sind an den Universitäten bis heute im Zusammenhang mit Forschungsfragen eine wesentliche Basis zu zugehörigen Material- und Dokumentensammlungen und zur Quellenrecherche. In den letzten

Jahrzehnten wurden die nutzbaren Buch- und Zeitschriftensammlungen durch eine „digitale Bibliothek", die jeder über das Internet an seinem Arbeitsplatz nutzen kann, ergänzt.

Auch das umfangreiche Berichtswesen in Unternehmen und anderen Organisationen übernimmt die Aufgabe, das für die vielfältigen Aufgaben und Aktivitäten notwendige Wissen zu speichern und verfügbar zu machen. Wie bei den heutigen Bibliotheken beinhaltet das Berichtswesen in den Organisationen neben den zahlreichen Dokumenten, Büchern und Dateien auch die Technologien und Systeme zur ihrer Erfassung, Speicherung, Archivierung, Verwaltung und Bereitstellung. Das Berichtswesen ist damit eine methodische Maßnahme des Wissensmanagements.

Die Aufgabe des Wissensmanagements besteht darin Wissen zu identifizieren, zu erfassen, zu speichern und verfügbar zu machen. Während früher zur Suche aufwendige Registraturen, Karteien und Ablagesysteme eingerichtet wurden, bedient man sich heute computergestützter Suchmaschinen. Voraussetzung ist, dass das vorhandene Wissen systematisch in Form von Dateien erfasst wurde. In den Unternehmen kann es sich z. B. um Wissen zur optimalen Anwendung eines Produktes, zu einer Produktionsmethode oder über den Markt, in dem das Produkt angeboten wird, handeln.

Das Wissensmanagement beinhaltet auch den Erwerb von Wissen und die Weiterentwicklung des Bestandes entsprechend den Zielsetzungen der Organisation. So wird z. B. „Spezialwissen" in Form von Beratungsberichten, Studien oder Fachzeitschriften zugekauft. Der bewusste Umgang mit schriftlichen Ausarbeitungen und ihr zielgerichteter Einsatz innerhalb der Organisation soll durch die bestehende Infrastruktur und Nutzungsregeln gefördert werden.

In einer Wissensgesellschaft ist Wissen innerhalb der Unternehmen ein bedeutender immaterieller „Produktionsfaktor", der neben die Produktionsfaktoren der klassischen Volkswirtschaftslehre Kapital, Arbeit und Boden getreten ist. Wissen bildet mit Kreativität und Selektion die Basis für neue Ideen und Innovationen. Auf Grund der Konkurrenz und der stetigen Veränderungen ergibt sich für die Unternehmen ein Zwang zu Innovationen. Dabei handelt es sich um Neuerungen, wie z. B. ein neues Produkt, einen neuen Produktionsprozess oder/und um eine neue Organisationsform zur Herstellung oder zum Vertrieb von Produkten. Gute Ideen führen nur dann zu einer Innovation, wenn sie technisch und wirtschaftlich umgesetzt und damit nutzbringend angewendet werden. Innovationen schaffen in der Regel Wettbewerbsvorteile und sind entscheidend für den technischen Fortschritt und den Bestand vieler Unternehmen. Damit Mitarbeiter auf den gemachten Erfahrungen und dem vorhandenen Wissen aufbauen können, ist es wichtig, dass das Wissen erfasst und einfach zugänglich ist.

Man muss auch berücksichtigen, dass sich in den Natur- und Ingenieurwissenschaften das Wissen stetig erweitert. Für die auf diesen Gebieten tätigen Mitarbeiter besteht daher ein Zwang zur Weiterbildung. Aufsätzen in Fachzeitschriften sind neben Vorträgen meist die ersten verfügbare Quellen, in denen über neue Erkenntnisse und aktuelle Entwicklungen berichtet wird. Die Unternehmen versuchen durch Forschung und Entwicklung den Wissensbestand auf ihrem jeweiligen Gebiet zu erweitern bzw. an den jeweiligen Stand anzupassen. Teilweise geschieht dies auch in Kooperation mit Universitäten und sonstigen externen Forschungseinrichtungen.

Durch die technischen, wirtschaftlichen und gesellschaftlichen Entwicklungen ist auch das Umfeld eines Unternehmens einer stetigen Veränderung unterworfen. In diesem Zusammenhang ist es wichtig, dass man die Veränderungen erkennt und, dass sich das Wissen darüber im Unternehmen verbreitet und zum Allgemeingut wird. Dabei wird auch bisher Bekanntes an Aktualität verlieren. Letzteres erlebt man, wenn man alte Papierstapel mit Berichten, Akten und Veröffentlichungen durcharbeitet. Ein Teil der darin enthaltenen Informationen sind für die aktuelle Situation und die notwendigen Geschäftsprozesse nicht mehr relevant. Es ist daher wichtig, dass man auf aktuelles Wissen zugreifen kann und, dass es verständlich vermittelt wird.

- *Historische Entwicklung*

Die Idee, Wissen zu erfassen und damit verfügbar zu machen, ist nicht neu. So hatten die Gründungsmitglieder der heute als Leopoldina bekannten Akademie bei ihrer Gründung im Jahre 1652 das Ziel, eine Enzyklopädie der Heilkunde zu verfassen. Jedes Mitglied sollte nach vorgegebenen Kriterien eine Pflanze, ein Tier oder ein Mineral beschreiben und insbesondere deren medizinischen Nutzen darstellen[1].

---

[1] Siehe: www.leopoldina.org

Im 18. Jahrhundert verfolgten die Franzosen Jean Baptiste le Rond, genannt d'Alembert, Denis Diderot und weitere 142 Persönlichkeiten, u. a. Francois-Marie Arouet, der als Voltaire bekannt wurde, im Zuge der Aufklärung das Ziel, ein auf Vernunft gegründetes Kompendium des gesamten Wissens ihrer Zeit zusammenzutragen. Sie schufen die große französische „Encyclopédie", deren erster Band im Jahr 1751 erschien. Erst dreißig Jahre später lag die „Enzyklopädie" oder „das nach Vernunftgründen bearbeitete Wörterbuch der Wissenschaften, Künste und Handwerke" mit 34 Bänden und mehreren Ergänzungen abgeschlossen vor. Die Gruppe der Herausgeber ging als die sogenannten Enzyklopädisten in die Geschichte ein. Sie dokumentierten den Stand des Wissens der damaligen Zeit und übten in einigen Beiträgen auch Kritik an den damals herrschenden Verhältnissen. In den vielen zum Teil kleinen Feudalstaaten war eine Zensur von gedruckten Werken damals üblich. Eine freie Meinungsäußerung, insbesondere zu theologisch-philosophischen Fragen, und eine Kritik an den herrschenden politischen und sozialen Verhältnissen waren mit Gefahren verbunden. Daher erschienen zur damaligen Zeit auch viele Werke unter Decknamen oder anonym und/oder mit fingierten Verlegernamen und Erscheinungsorten.

1768 erschien die „Encyclopaedia Britannica, a Dictionary of Arts and Sciences, compiled upon a new plan" in Edinburgh. Sie wurde von einer „Society of Gentlemen in Scotland" sowie vom Graveur Anrew Bell und dem Drucker und Verleger Colin Macfarquhar herausgegeben. Die erste Ausgabe wurde 1771 mit einem dritten Band abgeschlossen. Die zweite Auflage erschien von 1777 bis 1784 bereits in zehn Bänden.

1773 erschienen in Berlin die ersten beiden Bände der „Oeconomischen Encyclopädie" von Johann Georg Krünitz, die unter Mitwirkung und Ergänzung durch weitere Autoren bis 1885 auf 242 Bänden anwachsen sollte. Sie ist wie die französische Enzyklopädie eine bedeutende Quelle zur Wirtschaft und Technik jener Zeit[1].

Friedrich Arnold Brockhaus, der 1805 in Amsterdam einen Verlag gründete, erwarb 1808 das unvollständige und in Deutsch verfasste „Conversationslexikon mit vorzüglicher Rücksicht auf die gegenwärtigen Zeiten" von Löbel und Franke aus Leipzig. Brockhaus zog 1811 nach Altenburg in Thüringen um, wo die zweite Auflage von 1812 bis 1820 in zehn

---

[1] Online-Ausgabe unter: www.kruenitz1.uni-trier.de

Bänden erschien. Das Werk wurde als „Brockhaus Enzyklopädie" fortgeführt. 2005 erschienen die ersten 10 von 30 Bänden der 21. Auflage sowie eine neue Version in digitaler Form. 2014 wurde jedoch der Vertrieb der „Brockhaus Enzyklopädie" eingestellt. Ursache hierfür war sicherlich u. a. auch die starke Konkurrenz kostenloser Dienste im Internet, allen voran „Wikipedia".

Millionen von Menschen sind heute von einem ähnlichen Geist beseelt wie die zuvor genannten Enzyklopädisten und beteiligen sich an dem im Januar 2001 gestarteten Projekt „Wikipedia". Sie entwickeln ein freies Online-Lexikon, das heute Beiträge in mehr als 250 Sprachen enthält. In Englisch sind bis Ende 2014 über 4,6 Millionen, in Deutsch mehr als 1,7 Millionen Artikeln erschienen. Auch hierbei dient der schriftlich abgefasste Beitrag, ergänzt durch Abbildungen und Diagramme, das Wissen unserer Zeit für jeden zugänglich zu machen. Das gesamte heutige Wissen würde jede Enzyklopädie sprengen. Es ist in vielen veröffentlichten und unveröffentlichten Schriften erfasst und dokumentiert. Unter anderem auch in unzähligen Fachaufsätzen und Fachbüchern. Sie sind Teil der Fachliteratur, die sich hauptsächlich an ein bestimmtes Fachpublikum wendet. Die technisch-wissenschaftliche Literatur ist auch eine Basis für den technischen Fortschritt. Sie richtet sich hauptsächlich an Ingenieure und Natur-wissenschaftler und dient u. a. der Forschung und Entwicklung und der Ausbildung des wissenschaftlichen Nachwuchses.

1.4 Zielorientierte schriftliche Ausarbeitungen

Viele schriftliche Ausarbeitungen werden verfasst, um bestimmte Ziele zu erreichen. Sie sind damit ziel- bzw. zweckorientiert und müssen so abgefasst werden, dass sie den festgelegten Zielen dienen. Bei Anträgen ist z. B. die Bewilligung der beantragten Sache das Ziel. Andere Veröffentlichungen zielen darauf ab, die Kompetenz auf einem bestimmten Gebiet zu belegen. Sie werden z. B. nach dem Motto abgefasst „tue Gutes, und schreibe darüber". In den überwiegenden Fällen werden der Autor bzw. die Autoren genannt. Die veröffentlichten Zusammenhänge werden mit ihnen in Verbindung gebracht. Bei positiven Zusammenhängen sind meist mit der Veröffentlichung auch direkte oder indirekte Vorteile für den Autor bzw. die Autorin verbunden.

In Unternehmen haben einige Abteilungen die Aufgabe, Informationen zu den angebotenen Produkten zu erfassen und potentiellen bzw. vorhandenen Kunden zur Verfügung zu stellen. Sie verfassen dazu z. B. Handbücher, Broschüren und Fachaufsätze, die in gedruckter Form oder digital zur Verfügung gestellt werden. Damit werden direkt oder über den Vertrieb und das Marketing potentielle Kunden über die Produkte informiert. Zur Verbreitung von Informationen über die Presse sind in vielen Organisationen die eingerichteten Presseabteilungen zuständig.

1.5 Schriftliche Ausarbeitungen als Leistungsnachweise

In vielen Prüfungsordnungen werden als Prüfungsleistungen schriftliche Ausarbeitungen gefordert. Während eines Hochschulstudiums sind das u. a. Haus- und Belegarbeiten, Versuchsberichte, Bachelor-, Master- und Diplomarbeiten. Die Dissertation ist im Rahmen der Doktorprüfung die wichtigste Prüfungsleistung, deren Bewertung in der Regel das Endergebnis wesentlich beeinflusst. Auch zur Habilitation sind der Nachweis eigener Veröffentlichungen sowie die Abfassung einer Habilitationsschrift notwendig.

Die genannten schriftlichen Ausarbeitungen müssen bestimmten Anforderungen genügen und werden als Prüfungsleistung kritisch bewertet. Das wichtigste Bewertungskriterium ist die Originalität der Arbeit, die auf die Eigenleistung des Autors zurückzuführen ist. Bei experimentellen Arbeiten besteht diese u. a. in der Beschreibung der durchgeführten Versuche und der Darstellung und Diskussion der erzielten Ergebnisse, bei Literaturarbeiten in der Sammlung, Sichtung und Auswertung der Literatur und der Darstellung der daraus gewonnen Ergebnisse zum Thema bzw. der zu untersuchenden Fragestellung. Bei anderen Arbeiten steht eine eigene Prozessauslegung, eine entworfene Konstruktion oder ein mathematisches Modell zur Beschreibung bzw. Simulation eines bestimmten Vorgangs im Mittelpunkt der Betrachtung. Oft werden auch mehrere der oben genannten Aspekte in einer Arbeit verwoben, um die zu bearbeitende Fragestellung umfassend zu bearbeiten und, um zu neuen Ergebnissen zu gelangen.

Bei der Abfassung des Textes ist besonders darauf zu achten, dass die eigenen Beiträge zum Thema klar erkennbar sind und von bekannten und übernommenen Aussagen und Zusammenhängen abgegrenzt werden. Es kann jedoch sinnvoll und von Vorteil sein, eigene Überlegungen auf Bekanntem aufzubauen und in diesem Zusammenhang darzustellen und zu diskutieren. Auf diese Weise können neue Entwicklungen besser dargestellt und vom Leser entsprechend gewürdigt werden. Die richtige und angemessene Darstellung der eigenen Arbeiten und die Abgrenzung gegenüber den Arbeiten anderer, auf denen ggf. die eigenen Arbeiten aufbauen, stellt für Studenten und Doktoranden eine große Herausforderung dar.

Bei Bachelor-, Master- und Diplomarbeiten wird das Thema in der Regel vorgegeben. Bei Dissertationen ist die Thematik oft im Bereich eines größeren Forschungsvorhabens eingebunden, jedoch im Hinblick auf die Dissertation nicht detailliert vorgegeben.

2   Formen schriftlicher Ausarbeitungen

2.1 Die drei Stilarten

Im Kapitel 1 wurde dargestellt, dass schriftliche Ausarbeitungen der Kommunikation zwischen den Menschen dienen. Einem Modell der Kommunikation von Karl Bühler[1], das im Folgenden sinngemäß auf das Geschriebene, den Text, angewendet wird, liegt die Überlegung zugrunde, dass der Austausch von Gedanken, auf
- der Person des Schreibenden (Autor),
- dem aufnehmenden Leser und
- den beschriebenen Gegenständen und Sachverhalten basiert.

Im Mittelpunkt dieser Dreiecksbeziehung steht der Text, über den kommuniziert wird. Er stellt nach dem Modell eine Vermittlerfunktion zwischen dem Autor und dem Leser dar. Er kann drei Funktionen ausüben:
a)   die Funktion der Darstellung eines Gegenstands oder Sachverhalts,
b)   die Funktion des Ausdrucks, wodurch die Beziehung des Schreibenden zum Leser dargestellt und bestimmt wird, und
c)   die Funktion des Apells, womit eine Wirkung des Schreibenden auf den Lesenden verbunden ist.
Mit seinem Text kann der Autor die Gegenstände und Sachverhalte den Lesern auf verschiedene Weise vermitteln. Je nachdem, ob die Gegenstände und Sachverhalte, die Leser oder der Autor bei der Abfassung des Textes im Vordergrund stehen, unterscheidet man drei Stilarten:
- den Sachstil,
- den Wirkstil und
- den persönlichen Stil.

---

[1] Karl Bühler: deutscher Mediziner, Psychologe und Philosoph (*1879 in Meckesheim, †1963 in Los Angeles); Schrift: K. Bühler: Sprachtheorie. Verlag G. Fischer, Jena (1934), Neudruck (1982), Fischer (UTB), Stuttgart

- *Sachstil*

Bei den schriftlichen Ausarbeitungen in den Natur- und Ingenieurwissenschaften stehen die Sachverhalte und Gegenstände im Vordergrund, so dass der Sachstil meist angewendet wird. In diesem Fall werden hauptsächlich Sachverhalte möglichst objektiv dargestellt bzw. erläutert. Der zugehörige Text wird klar und unbeeinflusst von den persönlichen Belangen des Schreibenden und der Absicht auf den Leser zu wirken abgefasst. Der Text wendet sich an die Vernunft und das Erkennungsvermögen des Lesers. Es werden bekannte Begriffe verwendet. Neue oder weniger bekannte Begriffe werden erklärt bzw. definiert. Die Beschreibungen sind knapp, jedoch eindeutig und klar. Der Sachstil wird im Zusammenhang mit Mitteilungen, Berichten, wissenschaftlichen Abhandlungen sowie Skripten und Lehrbüchern angewendet.

Abb. 1.1: Schema zur Wechselwirkung zwischen dem Autor und dem Leser

- *Wirkstil*

Beim Wirkstil wird mit dem Geschriebenen bzw. Text nicht nur der Zweck verfolgt den Leser zu informieren, sondern man möchte mit dem Text beim Leser auch eine Wirkung erzielen. Der Schreibende wendet sich an den Leser, um ihn entsprechend seinen Zielen zu beeinflussen. Daher werden die Worte mit Bedacht und im Hinblick auf ihre Wirkung gewählt. Bei Förderanträgen zu einem Projekt wird z. B. die positive Wirkung der möglichen Resultate in den Vordergrund gestellt. Der Wirkstil wird auch in Bewerbungen, Angebotsschreiben und Werbebroschüren angewendet.

Dennoch ist Vorsicht geboten. Viele Mitarbeiter im Bereich des Marketings vergessen häufig bei technischen Beschreibungen zu Geräten, Maschinen und Apparaten, dass in technischen Bereichen mit nachprüfbaren Daten und Fakten beim Leser eine größere Wirkung erzeugt werden kann als mit Worten allein. Daher muss sich in diesem Bereich ein Text nicht sehr stark vom

Sachstil unterscheiden. Dennoch sollte sich der Schreibende beim Abfassen des Textes bewusst sein, dass er mit dem Text gezielt eine Wirkung erzeugen will, und die Wortwahl darauf hin ausrichten.

Das gilt auch beim Abfassen von Anträgen und der Einholung von Genehmigungen. Jedoch können auch darin „wohlklingende" Worte und Versprechen in ihrer Wirkung verpuffen, wenn sie nicht mit Daten und nachprüfbaren Fakten unterlegt werden. So wird z. B. ein Prospekt zu einer technischen Anlage durch einen beigefügten Bericht im Sachstil, in dem über den erfolgreichen Betrieb einer ähnlichen realisierten Anlage berichtet wird, deutlich unterstützt. Bei einem schriftlichen Angebot muss zudem berücksichtigt werden, dass es als eine Grundlage für einen Kaufvertrag dienen soll. Es muss daher auch den zugehörigen rechtlichen Anforderungen genügen.

- *Persönlicher Stil*

Der persönliche Stil wird u. a. angewendet, wenn individuelle Gedanken, Ansichten und Meinungen beschrieben werden. Der Autor steht im Mittelpunkt und seine persönlichen Eindrücke bestimmen den Ausdruck.

Der Text wird dabei von der jeweiligen Stimmung und Gemütslage des Autors beeinflusst. In Briefen wird z. B. damit die innere Verbundenheit des Schreibenden mit dem Empfänger ausgedrückt. Die Ausdrucksweise ist in der Regel natürlich und zwanglos. Sie sollte offen, echt und ehrlich sein. Oft ist sie auch herzlich und gewinnend im Ton. Der persönliche Stil wird im persönlichen Schriftverkehr und in Schreiben zu bestimmten Anlässen (z. B. bei Gratulationen) angewendet.

2.2 Grundformen der schriftlichen Darstellung

Entsprechend den verschiedenen Stilarten haben sich Grundformen der schriftlichen Darstellung entwickelt, die im Folgenden näher betrachtet werden. Eine Sache bzw. ein Sachverhalt lässt sich u. a. mitteilen, berichten, schildern, erzählen, beschreiben oder erläutern bzw. erörtern. Zwischen den einzelnen Möglichkeiten der Darstellung und des Gedankenaustausches bestehen grundlegende Unterschiede, die man kennen und beachten sollte.

Die erfolgreiche Montage einer technischen Anlage kann kurz mitgeteilt oder ausführlich in einem Bericht dargestellt werden. Alles, was berichtet werden kann, kann auch erzählt werden. Gegenstände (z. B. Apparate, Maschinen, Geräte) und Personen werden beschrieben. Probleme und Themen werden abgehandelt oder erörtert. Man kann z. B. über einen Besuch in einem Unternehmen kurz berichten oder man kann den Besuch ausführlich schildern oder über ihn lang und breit erzählen.

Die Wahl der Form der schriftlichen Darstellung ist von der gestellten Aufgabe bzw. vom Zweck, den man verfolgt, abhängig. Da bei den schriftlichen Ausarbeitungen in den Natur- und Ingenieurwissenschaften der Sachverhalt bzw. der Gegenstand im Vordergrund steht, wird der Sachstil angewendet wird.

- *Grundformen der schriftlichen Darstellung im Sachstil*

Grundformen schriftlicher Darstellungen, die überwiegend im Sachstil abgefasst werden, sind:
- die Mitteilung,
- der Bericht,
- die Beschreibung,
- die Abhandlung (der Fachbeitrag).
Auf diese Grundformen der schriftlichen Darstellung wird in den folgenden Abschnitten näher eingegangen.

- *Grundformen der schriftlichen Darstellung im persönlichen Stil*

Im persönlichen Stil werden u. a. Schilderungen, Erzählungen und Novellen abgefasst. Sie sind für die professionelle Arbeit eines Ingenieurs oder eines Naturwissenschaftlers von untergeordneter Bedeutung. Im persönlichen Bereich, z. B. in Briefen und Biographien, werden diese Formen angewendet. Sie sind auch für viele andere Bereiche der Literatur relevant. Der persönliche Stil zeichnet sich dadurch aus, dass der Sachverhalt, z. B. der Ablauf eines Geschehens, betont subjektiv dargestellt wird. Das persönlich Erlebte, oder das im Zusammenhang Erdachte, wird ausgeführt. Dabei kann auch Nebensächliches subjektiv in den Blickpunkt gestellt werden.

- *Journalistische Formen schriftlicher Ausarbeitungen*

Besondere Formen schriftlicher Ausarbeitungen haben sich im Journalismus herausgebildet. Hierzu gehören u. a. die Nachricht, die Reportage, das

Interview und der Kommentar. In einer Nachricht wird z. B. in knapper Form über ein Ereignis berichtet. Sie weist daher die Merkmale einer Mitteilung auf (siehe Abschnitt 2.3). Reportagen werden vom Autor aufgrund von erlebten Gegebenheiten abgefasst. Während ein klassischer Bericht im Sachstil abgefasst wird, kann ein Autor in einer Reprotage auch über erlebte Emotionen und subjektive Empfindungen berichten. Ein Feature weist Elemente einer Reportage und einer Abhandlung auf. Es werden Sachverhalte in Form einer Reportage erläutert und gleichzeitig auch Hintergründe beleuchtet und Schlüsse bzw. Thesen abgeleitet.

Zu den journalistischen Darstellungsformen wird oft auch der Essay gezählt. Insbesondere dann, wenn die strengen formalen und wissenschaftlichen Kriterien, die bei einer (wissenschaftlichen) Abhandlung zu beachten sind, und die im Abschnitt 2.6 und im Kapitel 4 näher behandelt werden, zum Teil vernachlässigt werden. Wie bei einer Abhandlung behandelt der Autor in einem Essay aufgrund seiner Erfahrungen und seinem Wissen einen bestimmten Sachverhalt bzw. ein Thema.

Bei einem Interview wird durch gezielte Fragen an eine Person versucht, Informationen zu ermitteln. Je nach Zielsetzung des Interviews können sich die Fragen mehr auf das Erlebte der befragten Person, auf ihre Erfahrungen oder ihre Meinung zu Sachverhalten beziehen.

2.3 Die Mitteilung

Die Mitteilung vermittelt in knapper Form ohne Wertung Tatsachen und Informationen. Sie wird im Sachstil abgefasst und ist knapp in der Darstellung und kurz an Umfang, enthält jedoch alle Informationen, die weitergegeben werden sollten. Viele Mitteilungen werden heute in Form einer Email abgefasst und versendet. Amtliche Mitteilungen und Schreiben mit juristischen Konsequenzen werden aus rechtlichen Gründen auch heute noch per Post zugestellt.

2.4 Der Bericht

Ein Bericht soll präzise, objektiv und sachlich über einen Vorgang, eine Handlung oder eine Entwicklung im Zusammenhang informieren. Er ist stets sachbezogen. Einseitige Darstellungen, subjektive Wertungen, Über- bzw. Untertreibungen sowie ungenaue Beschreibungen und Quantifizierungen sollten unter allen Umständen vermieden werden. Die Ursprungsform ist der Augenzeugen- bzw. Erlebnisbericht. Bei experimentellen Arbeiten sind Laborberichte abzufassen. Praktikumsberichte z. B. informieren über Tätigkeiten, die sich über einen längeren Zeitraum erstrecken. Im Rahmen von Projektarbeiten sind Zwischen- und Abschlussberichte abzufassen. Auch Besuchs- und Reiseberichte sind im Zusammenhang mit dem Berichtswesen eines Unternehmens anzufertigen. Es handelt sich bei ihnen um dauerhafte, in sich abgeschlossene Dokumente.

Ein Bericht kann Personen, welche z. B. die Vorgänge und Sachverhalte miterlebt und die Absprachen mit getroffen haben, als Erinnerungshilfe dienen. Anderen Personen dient ein Bericht als Information. Im Falle einer unklaren Sachlage kann ein Bericht zur Klärung beitragen. In diesem Zusammenhang kann er sogar als beweiskräftiges Dokument gewertet werden.

Ein Bericht informiert über einen tatsächlichen Verlauf oder ein Geschehen. Er muss begrifflich klar und inhaltlich korrekt sein. Abkürzungen und Fachbegriffe sollten erklärt werden. Ein Bericht sollte Fragen beantworten und keine neuen Fragen aufwerfen. Sein Detaillierungsgrad sollte dem jeweiligen Nutzerkreis und Verwendungszweck angemessen sein. Damit er die notwendigen Informationen enthält, sollte man beim Abfassen die sogenannten W-Fragen beantworten. Die Beantwortung dieser Fragen führt dazu, dass der Leser nach der Lektüre des Berichtes weiß,

- **w**er, **w**ann, **w**o, **w**as gemacht hat,

- **w**arum berichtet wird,

- **w**as im Einzelnen **w**ie und **w**odurch gemacht bzw. bewirkt wurde und

- **w**elche Ergebnisse erzielt und **w**elche Erkenntnisse daraus gewonnen bzw. **w**elche Schlussfolgerungen daraus gezogen wurden.

Eine Basis zur Abfassung eines Berichtes sind Aufzeichnungen in Notizbüchern und sonstigen Mitschriften. Bei der Abfassung von Berichten über eigene experimentelle Arbeiten leistet ein gut geführtes Laborbuch wertvolle Dienste (siehe Abschnitt 3.3).

- *Das Protokoll*

Auch das Protokoll einer Verhandlung, Besprechung, Sitzung oder Versammlung kann als Bericht abgefasst werden. Ein Protokoll dient oft Beweiszwecken und kann zur Klärung von Meinungsverschiedenheiten herangezogen werden. Daher ist auf eine möglichst genaue Protokollierung der Vorgänge und Abläufe zu achten. Eine Sonderform ist das Beschluss- oder Ergebnisprotokoll, bei dem lediglich die in die Zukunft hinein wirkenden Beschlüsse (Abmachungen bzw. Festlegungen) formuliert und erfasst werden.

Ein Abnahmeprotokoll wird nach Abschluss einer größeren Arbeit (z. B. Montage und Inbetriebnahme einer Maschine) angefertigt. Es bestätigt, dass keine Mängel festgestellt wurden oder es führt die Mängel, ggf. im Zusammenhang mit dem zeitlichen Verlauf der Inbetriebnahme, auf.

Ein Protokoll wird mindestens vom Protokollant, oftmals auch von anderen Teilnehmern des Geschehens, unterschrieben. Damit wird die Richtigkeit des protokollierten Sachverhalts bestätigt.

2.5 Die Beschreibung

In einer Beschreibung wird ein vorhandener Sachverhalt, wie z. B. das räumliche Nebeneinander und das Zusammenwirken der Bauteile einer Apparatur, objektiv dargestellt. Eine sachliche, auf genauer Beobachtung beruhende schriftliche Darstellung eines Gegenstandes, einer Örtlichkeit oder einer Person wird verlangt. Eine Beschreibung im engeren Sinne soll das Bild vermitteln, das ein Foto von einem Gegenstand zeigt. Darüber hinaus können z. B. auch kurz die Funktionen und Aufgaben einzelner Baugruppen einer Apparatur erklärt werden. Folgende Formen können unterschieden werden: Gegenstands-, Bild-, Gelände- und Baubeschreibung, „Steckbrief".

Bei technischen Geräten sind mit einer Beschreibung des Gegenstandes oft auch die Beschreibung der Gerätefunktion, die Aufzählung technischer Daten und ggf. der Einsatzgrenzen verbunden.

2.6 Die Abhandlung, der Fachbeitrag

In einem Fachbeitrag bzw. einer Abhandlung wird ein Sachverhalt bzw. ein Thema in einer übersichtlichen Ordnung dargestellt. Die objektive Abhandlung beruht auf den Kenntnissen und der Erfahrung des Autors. Er setzt sich objektiv mit einem fachlichen bzw. wissenschaftlichen Thema auseinander. Formen der Abhandlung sind z. B. das Manuskript zu einem Vortrag bzw. Referat, ein Fachaufsatz, eine Fach-, Studien-, Bachelor-, Diplom- bzw. Masterarbeit oder eine Dissertation.

Eine wissenschaftliche Abhandlung bezieht sich auf Sachverhalte im Zusammenhang mit der Forschung und Lehre. Sie steht in Verbindung mit der Suche nach neuen Erkenntnissen und soll die gewonnen Erkenntnisse beschreiben und dokumentieren. Formen der wissenschaftlichen Abhandlung sind z. B. der Fachbeitrag in einer Fachzeitschrift (wissenschaftliche Veröffentlichung), eine wissenschaftliche Monographie, ein Beitrag zu einem Handbuch oder eine Dissertation.

Eine subjektive Abhandlung eines oder mehrerer Autoren beinhaltet eine selbständige, persönlich-wertende Auseinandersetzung mit einem Sachverhalt bzw. Problem. Oftmals sind objektive und subjektive Gesichtspunkte in einer Abhandlung enthalten, wobei jedoch diese durch die gewählte Gliederung zu unterscheiden sind. So kann z. B. in einem Abschnitt mit der Überschrift „Stand der Technik" objektiv über diesen berichtet werden und im Abschnitt „Schlussfolgerungen" subjektiv der Stand der Technik bewertet oder kritisiert werden.

Die in den Kapiteln 3 und 4 behandelten Hinweise und Regeln beziehen sich überwiegend auf die Abfassung von Berichten, Fachbeiträgen und Abhandlungen.

3 Das Schreiben als kreativer Prozess

3.1 Das Abfassen von Fachbeiträgen

In Kapitel 2 wurden verschiedene Formen schriftlicher Ausarbeitungen vorgestellt und dabei wurde der Fachbeitrag bzw. die Abhandlung sachlich und stilistisch gegenüber anderen Grundformen abgegrenzt und charakterisiert. In einem Fachbeitrag wird ein Thema abgehandelt. Dieses wird oft nach wissenschaftlichen Grundsätzen beschrieben und näher untersucht. Kennzeichnend dabei ist eine logische Gedankenfolge, die von der Einführung in das Thema zu den neuen Ergebnissen bzw. Erkenntnissen führt. Bei ingenieurwissenschaftlichen Arbeiten steht oft ein technisches Problem im Mittelpunkt, für das Lösungsmöglichkeiten untersucht und beschrieben werden. Bei einer umfangreichen Ausarbeitung werden die Gedanken und Sichtweisen bereits mit der Gliederung geordnet. Dadurch werden der logische Aufbau und die eigenen Argumente verstärkt und leichter erfassbar. Eigene Ergebnisse werden nicht einfach mitgeteilt, sondern aufgrund eigener experimenteller und/oder theoretischer Arbeiten derart erläutert, dass der Leser sie nachvollziehen und überprüfen kann. Voraussetzungen und Annahmen, die den Betrachtungen zugrunde liegen, werden mitgeteilt und begründet. Entwickelte theoretische Modelle werden hergeleitet und im Zusammenhang mit den daraus erhaltenen Ergebnissen diskutiert. Dabei kann auch auf fremde Arbeiten und Ergebnisse zum Thema Bezug genommen werden.

Das Abfassen eines Fachbeitrages ist ein kreativer Prozess. Die Kreativität besteht darin, dass der Text entsprechend dem Thema und der Zielsetzung aufgrund der subjektiven Wahrnehmung des Autors und seinem Wissen und seinen Erfahrungen neu erstellt wird. Der Begriff „Kreativität" bedeutet, dass „etwas neu erschaffen", „etwas erfunden" und „etwas hergestellt" wird. Ein kreativer Prozess hat jedoch auch etwas mit Bekanntem zu tun, da das Neue erst durch die Beschreibung des Bekannten als das Neue erkannt wird. Das Neue kann sich auch dadurch ergeben, dass man Bekanntes auswählt, auswertet und in einem neuen Kontext erörtert und daraus zu einer neuen Erkenntnis gelangt. Die Kreativität beim Schreiben beinhaltet demnach die Kombination von Informationen, Wissen und Erkenntnissen in der Form eines für den Leser interessanten und möglichst leicht verständlichen Texts. Der Leser soll quasi von der Aufgabenstellung bis zur Lösung bzw. von der Zielsetzung bis zum Ergebnis durch den Text geführt werden.

Im anglo-amerikanischen Raum wurde das „professionelle Schreiben", d. h. das Schreiben von Journalisten, Schriftstellern und Kaufleuten, mit dem Begriff „creative writing" belegt. Man geht dabei davon aus, dass das für den jeweiligen Zweck ausgeführte Schreiben in einem gewissen Grade lern- und trainierbar ist. Entsprechend wurden dafür eigens Studiengänge an Hochschulen und zugehörige Kurse eingerichtet.

Die Abfassung eines Textes kann als Prozess mit unterschiedlichen Arbeitsphasen betrachtet werden. Analog zu den Phasen einer Projektbearbeitung, die den Ingenieuren geläufig sind, können folgende Arbeitsphasen unterschieden werden:
- Festlegung bzw. Erfassung des Themas,
- Stoffsammlung; Durchdenken des Stoffes,
- Sichten, Auswählen und Gliedern des Stoffes,
- Einordung der eigenen Arbeiten,
- Abfassen und Ausarbeiten von Textpassagen,
- Zusammenstellung der Passagen zum fertigen Fachbeitrag,
- Überarbeitung des gesamten Textes.

Im Laufe der Arbeit ergeben sich dadurch ein Vorentwurf, ein Rohmanuskript und die Reinschrift (Abb. 3.1).

- *Festlegung bzw. Erfassung des Themas*

Entsprechend einer klaren Zielsetzung bei einer Projektbearbeitung sind eine klare Festlegung des zu behandelnden Themas sowie die mit der schriftlichen Ausarbeitung verfolgten Ziele Voraussetzungen für das gute Abfassen eines Textes. Aufgrund einer Idee, einer Hypothese bzw. einer Initiative wird das Thema gewählt und die mit der Ausarbeitung verfolgten Ziele vorgegeben. Bei einem wissenschaftlichen Fachbeitrag ist oft die Darstellung und Einordnung eigener (neuer) Ergebnisse und Erkenntnisse zu einem Thema bzw. einem technischen Problem die wesentliche Zielsetzung. Damit verbunden ist häufig ein Bericht über geleistete Arbeiten in einem bestimmten Zeitraum.

Bei der Abfassung des Textes kommt es darauf an, dass er das Wesentliche und Treffende zum Thema enthält, das in einer sehr kurzen Form mit der Überschrift erfasst wird. In der Einleitung kann dargelegt werden, in welchem Zusammenhang die Thematik relevant ist, und warum man sich mit dem Thema befasst.

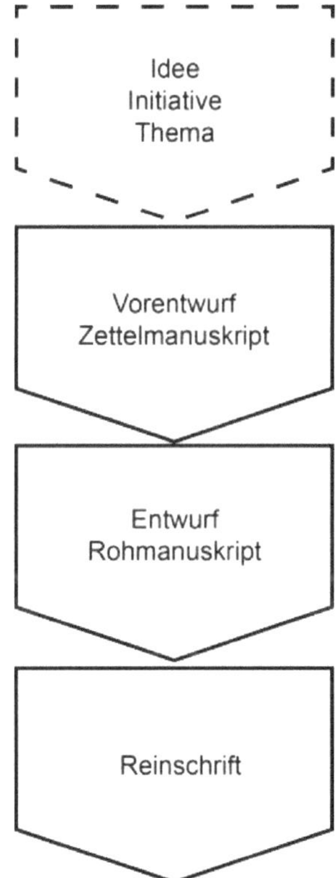

Abb. 3.1: Arbeitsphasen zur Ausarbeitung eines Manuskripts

- *Stoffsammlung; Durchdenken des Stoffes*

Umfangreiche Arbeiten, wie z. B. Artikel für eine Fachzeitschrift oder eine Examensarbeit, verlangen eine ausführliche Stoffsammlung und ein Erfassen der darin aufgeführten Gedanken und Ergebnisse. Bei einem Fachaufsatz muss man zwischen einem Übersichtsartikel, der neben eigenen Arbeiten auch fremde Arbeiten mit einbezieht, und einem Bericht bzw. einem Fachbeitrag, bei dem eigene Arbeiten und Ergebnisse im Mittelpunkt stehen, unterscheiden. Auch im letzteren Fall ist es meist sinnvoll auf verwandte fremde Arbeiten hinzuweisen, um die eigenen Arbeiten in einem Zusammenhang darzustellen und einzuordnen. Man sollte den Stand der Erkenntnisse zum Thema in der Literatur gründlich recherchieren und darüber berichten.

Im Zusammenhang mit dem Lesen fremder Fachaufsätze und Bücher ist es sinnvoll sich Notizen zum Inhalt, sogenannte Exzerpte, anzufertigen. Sie enthalten u. a. Daten, Gedankengänge, Argumente und Literaturhinweise oder auch sinngemäße oder wörtliche Zitate. Getrennt davon können darin auch eigene Kommentare und Ideen sowie Querverweise aufgeführt werden. Diese Aufzeichnungen dienen der Stoffsammlung und der Einordnung der gelesenen Texte im Zusammenhang mit dem zu behandelnden Thema. Ein Exzerpt soll das Datum der Niederschrift, die bibliographische Angabe zum gelesenen Text (Verfasser, Titel, Zeitschrift oder Buch, Seitenzahl, Erscheinungsjahr) enthalten. Im Laufe der Arbeit kann man so wieder auf Literaturstellen zugreifen, um ggf. noch bestehende Unklarheiten zu klären.

Entsprechend der Aufgabenstellung werden die vorliegenden Notizen und Entwürfe von Texten zu einer losen Stoffsammlung zusammengetragen. Dabei ist es notwendig, das Thema gründlich zu durchdenken. Damit möglichst viele Aspekte berücksichtigt werden, wird empfohlen auch nach sogenannten „Schlüsselfragen" vorzugehen. Solche Fragen sind z. B.: Worin besteht das Problem? Was sind seine Auswirkungen? Wie kann man Abhilfe schaffen? Welche Lösungen sind bekannt bzw. werden vorgeschlagen? Welche Alternativen gibt es? Wie groß ist der Aufwand? Was sind Vor- bzw. Nachteile?

Die aufgeführten Schlüsselfragen sind nicht im Zusammenhang mit jedem Thema sinnvoll. Mit ihnen soll lediglich dargestellt werden, dass man bei der Erfassung eines Problems und der zugehörigen Stoffsammlung systematisch vorgehen kann. Durch geschickt gewählte Fragen kann man sich eine Übersicht über das eigene und vorhandene Wissen erarbeiten und auch Wissenslücken aufspüren.

Zu einem bestimmten Zeitpunkt ist es dann sinnvoll, Gedanken in Stichworten oder kurzen Sätzen, ohne an die Verwertbarkeit zu denken, schriftlich zu erfassen.

- *Sichten, Auswählen und Gliedern des Stoffes*

Meist gehen die Aufzeichnungen und die Sammlung der Gedanken über das „eigentliche" Thema hinaus. Dies ist auch notwendig, da man sich auf diese Weise ausführlich mit dem Thema auseinander gesetzt hat und oft dadurch erst in der Lage ist, das Wichtige vom weniger Wichtigen zu unterscheiden. Nicht alles, was man gelesen und damit auch durchdacht und in sich aufgenommen hat, muss in die eigentliche Ausarbeitung übernommen werden. Man wird aus der Fülle dessen, was man zum Thema notiert und gesammelt hat, einiges als randständig erklären und weglassen. Nur das Wichtigste zum Thema wird ausgewählt und ggf. noch „verdichtet". Der Text sollte so abgefasst werden, dass er die zu erklärenden Zusammenhänge und Gedanken treffend beschreibt.

Während der Arbeit werden ggf. noch Lücken erkennbar, welche durch weitere eigene Arbeiten (z. B. in Form von Berechnungen, Abschätzungen, weiteren Experimenten) oder Literaturrecherchen geschlossen werden können.

- *Einordung der eigenen Arbeiten*

Die methodische Vorgehensweise bei den eigenen Untersuchungen muss erläutert werden. Dabei kann zwischen theoretischen, empirischen und experimentellen Untersuchungen unterschieden werden. Auch die Überlegungen zur Auswahl der Vorgehensweise sind von Interesse. Hierbei kann auch auf verwandte Arbeiten, die in der Literatur beschrieben werden, Bezug genommen werden. Danach sind die genutzten Methoden und die eigenen Ergebnisse zum Thema zu beschreiben und im Zusammenhang mit bekannten Ergebnissen aus der Literatur zu diskutieren. Eigene Aufzeichnungen, die im Laufe der Untersuchungen angefertigt wurden und z. B. in einem Laborbuch (siehe Abschnitt 3.3) erfasst sind, können dabei gute Hilfe leisten.

- *Abfassen und Ausarbeiten von Textpassagen*

Die Abfassung eines Manuskriptes kann sich über einen langen Zeitraum erstrecken. Während dieser Zeit können evtl. einige Abschnitte aufgrund der vorliegenden Unterlagen bereits vollständig niedergeschrieben werden. So ist bei vielen Arbeiten, das behandelte Problem meist frühzeitig bekannt. Bei einer experimentellen Arbeit können auch die verwendeten Geräte und Apparaturen sowie die eingesetzten Stoffsysteme oft in einer frühen Phase beschrieben werden. Dabei gilt der Grundsatz „so exakt und knapp wie möglich". Die in diesem Zusammenhang aufgeführten Literaturhinweise können entsprechend eingefügt und mit der Erstellung des Literaturverzeichnisses kann begonnen werden.

Eigene Ergebnisse können im Zusammenhang mit theoretischen Überlegungen oder experimentellen Befunden präsentiert werden. Dabei ist es auch wichtig, die Ergebnisse im Zusammenhang mit dem bereits Bekannten darzustellen und sie in das betreffende Wissensgebiet einzuordnen. Im Zusammenhang mit dem Stand der Wissenschaft und Technik können sich jedoch noch Lücken ergeben. So kann z. B. noch offen sein, ob ein ermittelter Energiebedarf als hoch oder niedrig bewertet werden kann. Um eine solche Aussage zu treffen, ist die Kenntnis des aktuellen Standes notwendig. Außerdem kann es schwierig sein, vom eigenen Standpunkt aus auf zukünftig mögliche Entwicklungen zu schließen. Solche Aussagen können ggf. durch theoretische Abschätzungen und Grenzwertbetrachtungen gestützt und ermöglicht werden. Diese werden meist in der Endphase der Manuskripterstellung durchgeführt.

Beim Sammeln und Zusammenstellen der eigenen Daten zu Textpassagen leisten Aufzeichnungen in einem Heft und/oder in einem gut geführten Laborbuch (siehe Abschnitt 3.3) und/oder in angelegten Dateien in einem Computer gute Dienste. Sie können bereits eigene Formulierungen und Textpassagen enthalten, die in das Manuskript eingefügt werden können. Im Laufe der Arbeiten entstehen Passagen des Manuskripts (in Zeiten in denen ein Manuskript noch handschriftlich abgefasst wurde sprach man auch von einem „Zettelmanuskript"), das durch eine erste Gliederung bereits eine Struktur annimmt.

Beim Schreiben von Texten werden Gesichtspunkt nach Gesichtspunkt behandelt und formuliert. Manche schreiben „druckreif", d.h. sie formulieren jeden Satz gleich stilistisch und grammatikalisch einwandfrei. Das dauert meist länger, spart dafür später Zeit beim Überarbeiten. Es besteht dabei jedoch die Gefahr, dass bei der Ausformulierung des Textes der Gedankenfluss gehemmt wird und, dass man die Übersicht über das Ganze verliert. Es können dadurch Brüche in der logischen Abfolge der Gedanken und dadurch auch im logischen Aufbau des Textes entstehen. Beim schnellen Niederschreiben, ohne Achtung auf stilistische und grammatikalische Feinheiten ist dagegen eine meist umfangreiche Nacharbeit notwendig.

Bei der Abfassung von Textpassagen kann ein Diktiergerät oder ein Diktierprogramm, mit dem das gesprochene Wort direkt vom Computer erkannt und in ein Textprogramm eingegeben wird, nützlich sein. Insbesondere bei „schreibfaulen" Autoren werden beim Diktieren die Sätze oft besser ausformuliert und ein „flüssiger" Schreibstil umgesetzt. Generell kann empfohlen werden, jeden Text zur Kontrolle öfter laut zu lesen. Man erkennt dabei oft, dass sich der Schreibstil innerhalb des Manuskriptes verändert und, dass sich einzelne Passagen dem Leser nicht direkt erschließen, so dass Umformulierungen notwendig werden.

- *Zusammenstellung der Passagen zum fertigen Fachbeitrag*

Ein Autor hat in der Regel, entsprechend seinen Vorstellungen und Erfahrungen zum Thema, bereits sehr früh innerlich eine erste Gliederung vor Augen, die er in Form eines ersten Inhaltsverzeichnisses zu Papier bringt. Dies ist ein wesentlicher Teil des kreativen Prozesses zum Abfassen der Thematik. Dabei wird der vorhandene oder zukünftige Text in Kapiteln und Abschnitten gegliedert. Eine sorgfältige Gliederung ist eine gute Grundlage für die darauf folgende Abfassung des Manuskriptes. Im Zusammenhang mit der Gliederung kann auch der notwendige und der erreichte Umfang der Arbeit grob abgeschätzt werden.

Danach werden vorliegenden Textpassagen entsprechend der Gliederung eingeordnet und mit fremden Aussagen, ggf. auch mit Literaturzitaten und den zugehörigen Literaturhinweisen, verknüpft. Auf diese Weise entsteht das Rohmanuskript. Bei einer Bearbeitung im Computer ist es sinnvoll im Laufe der Bearbeitung einzelne Manuskriptversionen mit dem jeweiligen Datum getrennt zu speichern. Dadurch kann man jederzeit die Entwicklung des Textes nachzuvollziehen.

Man wird im Laufe der Arbeit feststellen, dass man nicht alle erstellten Unterlagen im Manuskript verwertet kann. Oft ist es sinnvoll, auf einige bereits formulierte Texte zu verzichten. In der Regel wird am Beginn der Arbeit das zu behandelnde Thema breiter angelegt, als es dann im endgültigen Manuskript umgesetzt wird. Am Beginn der Arbeit werden oft mehrere kreative Versionen zur Abhandlung des Themas erarbeitet, während im Laufe der Abfassung des Textes nur eine umgesetzt wird.

Bei der Abfassung des Rohmanuskriptes ist darauf zu achten, dass die Inhalte in einer sinnvollen, d. h. logischen Reihenfolge, abgehandelt werden. Es wird geprüft, dass keine Gedankengänge im Text wiederholt werden und alle aufgeführten mit dem Thema verbunden sind. Nach Vollendung des Rohmanuskriptes sollten darin das Thema bzw. das behandelte Problem erfasst sein, und die Gedanken zum Thema im Ablauf richtig angeordnet und im Zusammenhang verständlich dargelegt sein. Die Gliederungspunkte sollten sich nicht überschneiden, was bedeutet, dass in jedem Abschnitt möglichst nur ein Aspekt des Themas, entsprechend der Überschrift des Gliederungspunktes, behandelt wird. Es sollte eine logische Folge von Betrachtungen zum Thema entstehen, so dass sich eine Steigerung vom „Bekannten" zum „Neuen" ergibt.

- *Überarbeitung des gesamten Textes*

Mit fortschreitender Ausarbeitung des Manuskriptes werden Abweichungen vom einmal eingeschlagenen Weg sehr aufwendig. Dennoch werden bei der Abfassung eines Manuskriptes immer wieder Situationen auftreten, die eine Ergänzung oder neue Ausarbeitung von zuvor bearbeiteten Abschnitten erfordern. Bei Wiederholungen sind Streichungen möglich. Man wird feststellen, dass wesentliche Verbesserungen erreicht werden, wenn eine Überarbeitung des Manuskriptes nach einem etwas größeren zeitlichen Abstand erfolgt. Ein Mittel um letzte stilistische Mängel und Fehler aufzuspüren, ist das laute und langsame Lesen des Textes. Außer dem Auge ist dabei auch das Ohr am Prüfen beteiligt.

Bei der Abfassung des Manuskripts muss auch darauf geachtet werden, dass vorgegebene formale Vorgaben zur Abfassung des Textes umgesetzt und eingehalten werden. Entsprechende Vorgaben werden für Manuskripte z. B. von Verlagen aufgestellt. Es existieren meist auch Vorgaben für Bachelor- und Masterarbeiten, die an den Hochschulen meist von den Professuren vorgegeben werden, und für Dissertationen, die von den Fachbereichen bzw. Fakultäten festgelegt wurden. Bei Anträgen muss bereits die Gliederung bestimmten Vorgaben genügen. Man sollte bestrebt sein, einen möglichst fehlerfreien Text als Reinschrift zu erstellen. Das Korrekturlesen des Textes von mehreren Personen kann helfen, dieses Ziel zu erreichen.

3.2 Überlegungen zur Gliederung

Das Rohmanuskript beinhaltet eine Einleitung, einen Hauptteil, der in mehrere Kapitel oder Abschnitt unterteilt ist, und einen Schluss. Einleitung, Hauptteil und Schluss müssen hinsichtlich des Umfanges in einem bestimmten Verhältnis zueinander stehen. Bei Bachelor- und Masterarbeiten oder bei Anträgen wird der Gesamtumfang oft vorgegeben.

- *Einleitung*

Im ersten Kapitel einer Arbeit wird die behandelte Thematik benannt und begründet, warum man sich damit befasst. Dabei muss man darauf achten, dass man sofort das Interesse und damit auch die Aufmerksamkeit des Lesers gewinnt. Daher soll der erste Gedanke in der Einleitung bereits einen Zusammenhang mit der Thematik herstellen. Günstig ist, wenn der Leser früh die behandelte Problematik erfasst und erkennt, dass sie auch für ihn von Bedeutung ist. Am Ende der Einleitung sollte ihm klar sein, warum man sich mit der Thematik beschäftigt und welche Zielsetzung man verfolgt.

Man kann auf verschiedene Weise in eine Thematik einsteigen. Einige Beispiele werden im Folgenden aufgeführt:

a) Vom Allgemeinen zum Besonderen (deduktive Methode)

Man geht von einem allgemeinen Gedanken aus und leitet von ihm aus auf das spezielle Thema über.

b) Vom Besonderen zum Allgemeinen (induktive Methode)

Man geht von persönlichen Erfahrungen, bestimmten Befunden, einem konkreten Fall oder einer bestimmten Situation aus und formuliert darauf aufbauend das allgemeine Problem, das näher behandelt werden soll. Da meist das Besondere fesselnder ist als das Allgemeine, gewinnt man damit meist schnell die Aufmerksamkeit des Lesers.

c) Einführung auf Basis von Begriffen und ihrer Erläuterung

Man geht von Begriffen aus, welche das Thema betreffen und führt in die Thematik ein, indem man die Begriffe erläutert. Offene Fragen können formuliert werden, für die man dann im folgenden Hauptteil nach Antworten sucht.

d) Einführung auf Basis der Beschreibung einer historischen Entwicklung

In diesem Fall beschreibt man z. B. wie sich eine Situation entwickelt hat und welche Vorgänge und Maßnahmen zur Problematik führten.

e) Einführung auf Basis aktueller Ereignisse oder einer aktuellen Situation

Ein aktuelles Ereignis, z. B. ein Zwischenfall in einem Betrieb, eine Erhöhung der Energiekosten oder eine neue technische Entwicklung, ist Anlass, sich mit einem damit verbundenem Problem zu beschäftigen.

Die Einleitung selbst kann in Unterabschnitte untergliedert werden, die u. a. folgende Aspekte berücksichtigen können:
- Problembeschreibung bzw. offene Fragestellung,
- Ziel der Arbeit,
- Abgrenzung des Untersuchungsgegenstandes.

- *Hauptteil*

Im Hauptteil wird das in der Einleitung dargestellte Thema bzw. Problem Schritt für Schritt behandelt. Es können verschiedene Wege verfolgt werden, die jeweils eine bestimmte Gliederung des Hauptteils zur Folge haben. Bei der Darstellung eigener experimenteller und/oder theoretischer Arbeiten sollten die folgenden Grundsätze beachtet werden:

a) Zusammenhängende Aspekte werden in einzelnen Kapiteln und Abschnitten zusammengefasst. Die Gedankenführung wird dadurch klarer und es ist für den Leser leichter, den Inhalt zu erfassen.

b) Fremde Ergebnisse bzw. Erkenntnisse, die z. B. den Stand des Wissens vor den eigenen Arbeiten beschreiben, werden in separaten Kapiteln bzw. Abschnitten beschrieben und deutlich von den eigenen Ergebnissen getrennt erläutert. Im Zusammenhang mit den fremden Ergebnissen kann bereits auf Wissenslücken und offene Fragen hingewiesen werden, die dann später durch die eigenen Arbeiten geschlossen bzw. beantwortet werden können.

c) Mit dem Stand des Wissens übereinstimmende oder nicht übereinstimmende Ergebnisse werden im Rahmen der Ergebnisdiskussion dargestellt. Mögliche Gründe für Abweichungen werden erläutert. Vorzüge und Nachteile, die sich aus einer Erkenntnis ergeben, werden klar herausgearbeitet.

d) Die Reihenfolge der einzelnen Abschnitte sollte man so wählen, dass man vom „Bekannten" zum „Neuen", vom „Einfachen" zum „Schwierigen" und vom „weniger Wichtigen" zum „Wichtigen" geht. Die Abschnitte mit der größten Bedeutung werden am Ende des Hauptteils angeordnet. Meist handelt es sich um die eigenen Erkenntnisse, Ergebnisse oder Lösungsvorschläge. Der Leser soll von den Ergebnissen quasi überzeugt werden. Außerdem wird dadurch erreicht, dass die Spannung beim Lesen stetig ansteigt und im letzten Teil des Hauptteils ihren Höhepunkt erreicht. Danach fällt sie zum Schluss hin steil ab.

Beispielhafte Überschriften einzelner Abschnitte im Hauptteil:

- Stand des Wissens,

- Offenen Fragestellungen,

- Eigenen experimentelle Untersuchungen,
  Untersuchtes Stoffsystem,
  Versuchsaufbau und Messgeräte,
  Versuchsdurchführung,
  Versuchsergebnisse,

- Entwickelte Modellvorstellung,

- Diskussion der Ergebnisse.

---

e) Ein Gedankengang zu den Arbeiten sollte wie ein „roter Faden" verfolgt werden können. Hierzu werden die einzelnen Gedanken in den jeweiligen Abschnitten logisch aneinandergereiht, d. h. die einzelnen Abschnitte sollten möglichst mit den benachbarten Abschnitten in Verbindung stehen. Der Leser sollte erkennen, dass über die einzelnen Abschnitte hinweg das Thema entwickelt wird. Sie sind quasi Glieder einer Kette, bei der keines fehlen darf, da sonst der Zusammenhang nicht gewahrt wird.

Der erste Satz eines Abschnitts leitet in der Regel einen neuen Gedanken ein und sollte möglichst auch eine Verbindung zum vorherigen Abschnitt herstellen. Hierzu kann z. B. kurz dargestellt werden, was zuvor behandelt wurde und was im neuen Abschnitt darauf folgt. Der neue Gedanke wird quasi angekündigt. Ebenso kann das Verhältnis zum vorhergehenden kurz dargestellt werden.

Beispielsätze zur Überleitung:

Nach den gesetzlichen werden nun die betrieblichen Anforderungen behandelt.

Im zuvor dargestellten Abschnitt wurden die Stoffeigenschaften beschrieben, im Folgenden werden die Möglichkeiten ihrer Überwachung im Prozess näher betrachtet.

Anders als bei den zuvor betrachteten hohen Temperaturen muss bei tiefen Temperaturen mit folgenden Schwierigkeiten gerechnet werden.

Wesentlich größer als die zuvor behandelte mögliche schädigende Wirkung ist der Nutzen der neuen Verbindungen, der im Folgenden behandelt wird, zu bewerten.

Bei einigen Abschnitten kann auch auf eine formulierte Überleitung verzichtet werden und nach der Überschrift des neuen Abschnittes mit einem neuen Gedanken begonnen werden.

- *Schluss*

Ein guter Schluss kann die positive Wirkung eines Beitrages auf den Leser verstärken. Darin kann z. B. dargelegt werden, dass das Thema erschöpfend behandelt wurde. Oft ist es günstig, wenn man den Leser mit den Gedanken entlässt, die mit der Abhandlung entwickelt und dargelegt wurden. Das gelingt z. B. wenn man die Problemstellung wieder kurz aufgreift und die dazu ausgearbeitete Problemlösung wieder kurz darstellt. In diesem Fall ist der Schluss mehr eine kurze Zusammenfassung der Arbeit. Der Schluss kann auch den Leser nachdenklich machen und ihn zum eigenen Denken anzuregen. Folgende Wege können dabei beschritten werden:

a) Ausblick

Im Ausblick werden Folgerungen abgeleitet, die sich aus den Betrachtungen und den dargestellten Ergebnissen ergeben. Folgerungen sind oft in die

Zukunft gerichtet oder sie stellen eine Verbindung zu benachbarten Gebieten her. Außerdem kann auf offene oder zukünftig zu erwartenden Probleme hingewiesen werden. Dadurch belegt der Autor, dass er auch über den Tellerrand der von ihm behandelten Problematik geschaut hat.

b) Einschränkung

Bei der Einschränkung werden die Ergebnisse des Hauptteils auf den Bereich, in dem sie uneingeschränkt gültig sind, eingeschränkt. Diese Art der Einschränkung stellt sicher, dass die Ergebnisse richtig interpretiert und angewendet werden. Über die Gültigkeit in anderen Bereichen können Vermutungen angestellt werden. Es kann in dem Zusammenhang auch auf offene Fragestellungen und den zur ihrer Beantwortung notwendige Forschungsbedarf hingewiesen werden.

c) Zusammenfassung

In der Zusammenfassung werden die wichtigsten Ergebnisse der Untersuchungen noch einmal deutlich herausgestellt. Ggf. werden Leitsätze im Sinne von Thesen abgeleitet, die aufgrund der dargestellten Ergebnisse formuliert werden können. Die Zusammenfassung sollte so abgefasst werden, dass sie nicht als eine reine Wiederholung des bereits formulierten wahrgenommen wird.

Im Folgenden sind einige allgemeine Hinweise zur Gliederung eines natur- oder ingenieurwissenschaftlichen Aufsatzes in kurzer Form aufgeführt.

Gliederung eines natur- oder ingenieurwissenschaftlichen Aufsatzes

- **Titel:** Der Titel sollte eine sehr kurze Zusammenfassung der Arbeit darstellen. Er sollte kurz und treffend formuliert sein.

- **Autorenliste** inklusive aller Koautoren, mit Kontaktadresse eines korrespondierenden Autors. Die Autorenliste ist oft eine „Rangliste". Jene Person, die am meisten zum Werk beigetragen hat, wird in der Regel zuerst genannt. Der korrespondierende Autor steht für Anfragen zur Verfügung und hat in der Regel Zugriff auf die Laborjournale und Rohdaten.

- **Kurzfassung** (engl. abstract): Kurzreferat des Inhaltes mit den wichtigsten Ergebnissen in sehr kurzer, prägnanter Form.

- **Einleitung**: Die Einleitung enthält eine Beschreibung des Standes des Wissens bzw. der Technik und die Beschreibung der Motivation zur Durchführung der Arbeit. Der Ausgangspunkt, das Ziel der Untersuchungen und die zugrunde liegende Fragestellung sollten beschrieben werden. Evtl. können auch Arbeitshypothesen formuliert werden. In einer Einleitung sollte deutlich dargestellt werden, warum man sich mit der Thematik beschäftigte und worin der Nutzen der Arbeit besteht.

- **Materialien und Methoden:** Beschreibung der Stoff- und technischen Systeme sowie der Geräte und Methoden, welche zur Bearbeitung der Fragestellung verwendet bzw. angewendet wurden. Bei umfangreichen experimentellen Untersuchungen kann es sinnvoll sein, einen kurzen Überblick über das durchgeführte Versuchsprogramm zu geben. Die Vorgehensweise bei den Arbeiten und die angewandten Methoden sollen beschrieben werden. Um den Text kurz zu halten, kann auf Beschreibungen in anderen Publikationen verwiesen werden. Bei experimentellen Arbeiten sollen die Versuche und die Versuchsgeräte so beschrieben sein, dass die Versuche praktisch wiederholt werden könnten.

- **Ergebnisse:** Darstellung und Erläuterung der Ergebnisse der Untersuchungen. Schlussfolgerungen sind gesondert herauszustellen (z. B. im Abschnitt Diskussion).

- **Diskussion:** Interpretation der Ergebnisse und die daraus abgeleiteten Antworten zu der untersuchten Fragestellung. Diskussion und Einordnung der Ergebnisse mit Bezug auf den Stand des Wissens und der Technik. Besteht ein Einklang mit Ergebnissen in anderen Publikationen oder gibt es Widersprüche. Eigene Ideen und Ergebnisse sind deutlich von übernommenen Meinungen und Ergebnissen zu unterscheiden.

- **Zusammenfassung:** Die Zusammenfassung ist ähnlich abgefasst wie der Abstract, jedoch mit einem Bezug auf weitergehende Fragestellungen. Darstellung der Relevanz der Ergebnisse für weitere Gebiete, ggf. mit einer Erwähnung weiterer nutzbringender Anwendungen.

- **Dank:** Dankworte an Mit- und Zuarbeiter, die zwar Forschungsarbeit oder Hilfsstellungen gegeben haben, aber den Artikel selbst nicht mit verfasst haben.

- **Literaturliste:** Auflistung der Literaturstellen, auf die im Text Bezug genommen wurde. Die benutzte Literatur ist im jeweiligen Zusammenhang zu zitieren.

3.3 Das Laborbuch bzw. Laborjournal

Die Grundlage vieler wissenschaftlicher Berichte und Veröffentlichung sind die Aufzeichnungen im Laborbuch bzw. Laborjournal. Laborbücher und Laborjournale sind daher oftmals die Keimzellen der natur- und ingenieurwissenschaftlichen Literatur.

Bei einem Laborbuch handelt es sich um ein Notizbuch, in dem die Planung, Durchführung und Auswertung von Experimenten dokumentiert wird. Darüber hinaus kann es noch andere persönliche Aufzeichnungen zum Thema der Untersuchungen enthalten. Ein Laborbuch ist praktisch ein Tagebuch des experimentell arbeitenden Ingenieurs bzw. Naturwissenschaftlers. In den USA ist die Zuerkennung einer wissenschaftlichen Entdeckung oder einer patenfähigen Idee davon abhängig, wer als erster eine Entdeckung oder Erfindung gemacht hat. Daher gibt es dort Regeln, wie ein Laborbuch zu führen ist. Es können vom Arbeitgeber bzw. von der Hochschule abweichende Regelungen getroffen werden. Bei finanzierten Auftragsarbeiten kann das Laborbuch als Eigentum des Auftraggebers angesehen werden. In solchen Fällen ist das Laborbuch ein Dokument. In anderen Fällen ist das Laborbuch wie in persönliches Notizbuch zu behandeln. Die Aufzeichnungen im Laborbuch sollen authentisch sein, d. h., sie sollten sofort zum Zeitpunkt des Beobachtens erfolgen (mit Datum, ggf. Uhrzeit und Unterschrift des Eintragenden). Sie sollen so detailliert sein, dass z. B. Versuche für eine Person mit Fachwissen nachvollziehbar sind und ggf. wiederholt werden können.

Ein Laborbuch sollte möglichst mit einem festen Einband versehen sein und aus gutem Papier bestehen. Die Seiten sollten in der Regel durchnummeriert sein. Nach den Eintragungen enthält es eine chronologische Dokumentation der wissenschaftlichen Tätigkeit. Wenn mehrere Experimente parallel (und über mehrere Tage) durchgeführt werden, erleichtert die Nummerierung der Seiten den Querverweis zwischen Experimenten. Im Zusammenhang mit den experimentellen Arbeiten enthält ein Laborbuch u.a. folgende Eintragungen:

-   Überlegungen zur Versuchsplanung sowie die ausgearbeiteten Versuchspläne.

-   Versuchsprotokolle (Beschreibungen des Versuchsaufbaus, der Versuchsdurchführung, Messwerte, zugehörige Literaturstellen,

Versuchsauswertung, Notizen, Ideen, Abschätzungen usw.). Diese Eintragungen sollten direkt ins Laborbuch eingetragen werden. Dadurch werden Fehler, die sich durch ein Abschreiben von Zetteln einschleichen könnten, vermieden.

- Die Versuche werden möglichst durchnummeriert. Überschriften (vorzugsweise mit Projekt- bzw. Versuchsnummer) machen die Dokumentation übersichtlich.

- Rohdaten in Form von Schreiberausdrucken, Fotografien, Diagramme etc. können ins Laborjournal eingeklebt werden. Bei Datensammlungen, die nicht ins Laborjournal passen (z. B. Computerdateien oder ein zu großer Datenumfang), sollte ein Vermerk gemacht werden, wo die Originaldaten archiviert sind.

- Theoretische Abschätzungen im Zusammenhang mit den Versuchen.

- Mögliche Verbesserungsvorschläge zur Laboranlage, die nicht direkt umgesetzt werden.

Laborjournale werden zunehmend mit Hilfe von Computern geführt. Messdaten werden direkt in Dateien abgespeichert. Ein computergestütztes Laborjournal, auch elektronisches Laborbuch genannt, bietet folgende Vorteile:

- Messwerte werden ggf. direkt mittels automatischer Messwerterfassung eingelesen und abgespeichert.

- eine Suchfunktion ermöglicht die schnelle Suche nach Experimenten und Messergebnissen,

- eine fälschungssichere Ablage mit elektronischer Signatur ist möglich,

- Versuchsparameter, Messdaten und ausgewertete Ergebnisse werden in Protokollblättern mit Tabellen, Textfeldern und Diagrammen präsentiert.

Computergestützte Laborjournale sind meist in einer Software zur Automatisierung der Laborarbeit integriert. Die darin enthaltenen Daten können leseberechtigten Mitarbeitern zur Verfügung gestellt werden.

In vielen natur- und ingenieurwissenschaftlichen Studiengängen sind Laborübungen integriert. Das Führen eines Laborbuches bzw. das Abfassen von Laborberichten ist dabei ein Teil der Übungen. Folgende Kurzanleitung enthält einige wichtige Hinweise zum Abfassen eines Laborberichtes während des Studiums. Es sollten auf jeden Fall die jeweils gesondert gestellten Anforderungen an den Laborbericht beachtet werden.

Hinweise zum Abfassen eines Laborberichtes während des Studiums

Das Labor-Praktikum während des Studiums ist meist eine Ergänzung zu einer Vorlesung. Durch den Umgang mit Stoffen, Apparaten und funktionierenden Systemen sowie durch die parallel zu bearbeitenden theoretischen Aufgaben werden Inhalte der Vorlesung und ihre praktische Bedeutung erläutert. Die Versuche und die zugehörigen Theorien geben einen Einblick in die Methodik der experimentellen Forschung, bei der Experimente und Theorien eng miteinander verknüpft sind. Je nach der Aufgabe des Versuches steht der Stoff oder das verwendete Gerät, die Maschine bzw. der Apparat im Vordergrund. Neben der Versuchsdurchführung ist das Anfertigen eines Laborberichtes ein wesentlicher Bestandteil des Praktikums.

Die Grundlage zur Abfassung eines Laborberichtes sind die Eintragungen in ein Laborjournal oder ein Laborbuch. Dabei sollte es sich um ein möglichst festes, kariertes Heft handeln. Seitenzahlen im Heft erleichtern Verweise auf frühere Einträge. Die Eintragungen im Laborbuch sollen sauber und verständlich sein (Text stichwortartig). Besonders gutes Aussehen ist unwesentlich. Die Eintragungen sollten so vollständig sein, dass eine außenstehende Person den Versuch reproduzieren kann. Die Ergebnisse des Versuchs werden damit nachprüfbar. Es soll klar vermittelt werden, was z. B. gemessen wurde. Graphische Darstellungen können angefertigt und eingeklebt werden. Auf die Bezeichnung der Größen und die Dimensionen ist zu achten. Mehr als das Beobachtete soll nicht eingetragen werden. Was darüber hinausgeht zählt zur Auswertung und sollte als solche deutlich gekennzeichnet werden.

Gliederung der Eintragungen im Laborbuch und ggf. des Versuchsberichts:

Teil 1: vor Beginn des Versuches zu bearbeiten

1. Bezeichnung und ggf. Nr. des Versuchs; Datum der Versuchsdurchführung, Angabe der beteiligten Personen
2. Aufgabenstellung: Stichwortartig
3. Theorie des Experimentes: Knappe Zusammenfassung der wichtigsten Definitionen und der für die Durchführung und Auswertung der Versuchsresultate notwendigen Theorien und Gleichungen. Hinweise auf Annahmen und Vereinfachungen.
4. Schema des Versuchsaufbaues und Bezeichnung der verwendeten Messgeräte mit stichwortartiger Beschreibung. Verweis auf vorhandene Beschreibungen und

Bedienungsanleitungen. Ggf. eine Skizze zum Versuchsaufbau anfertigen und alle relevanten Geräte korrekt benennen.

5. Beschreibung des geplanten Messprogramms.

Zur Versuchsvorbereitung sollte das entsprechende Kapitel der begleitenden Vorlesung und die evtl. vorgelegte Versuchsanleitung durchgearbeitet werden. Dabei sollte man insbesondere auf die verwendeten Messgeräte achten und versuchen, das Messprinzip zu verstehen (Was wird wie und womit gemessen, was wird wo und wie angezeigt?). Ggf. muss man sich das notwendige Hintergrundwissen erarbeiten (Literaturstudium). Fragen zum Versuch sollte man sich notieren. Die Eintragungen im Laborbuch sollte man vorbereiten und das notwendige Messprogramm entwickeln. Mit den Sicherheitsanforderungen sollte man sich vertraut machen.

Teil 2: am Versuchstag zu erledigen

6. Ergänzung der Angaben zu den Messgeräten (Bezeichnung, Typ, Genauigkeit und Kalibrierung). Bei mehreren Messschritten Angabe des jeweiligen Messziels.
7. Versuchsprotokoll, Messwerterfassung (Tabellen, Hinweis auf gespeicherte Dateien, Ausdrucke u. dgl.), graphische Darstellung von Messwerten mit Dimensionsangaben,
8. Auswertung: Berechnung der gesuchten Größen und Lösung der Aufgaben. Ggf. graphische Darstellung der Zusammenhänge.

Teil 3: Nacharbeit, Abfassen des Versuchsberichtes (in der Regel Hausarbeit)

9. Vervollständigung der Auswertung, Fehlerbetrachtung, Endergebnis mit Fehlerangabe
10. Abfassen des Versuchsberichtes: Der Bericht soll informativ und gut lesbar sein. Er wird im Sachstil abgefasst. Er enthält die im Teil1 erwähnten Eintragungen und berücksichtigt evtl. vorgegebene Formatvorgaben. Alle verwendeten Quellen sind anzugeben.
    In der Einleitung wird für außenstehende Leser in die Thematik und Zielstellung des Experiments eingeführt. Die theoretischen und gerätetechnischen Grundlagen sowie die eingesetzten Messmethoden werden kurz beschrieben. Im Anschluss werden das Versuchsproramm und der jeweilige Versuchsablauf kurz erläutert.
11. Kurze Diskussion der Ergebnisse; ggf. Vergleich mit Literaturwerten und Ergebnissen aus anderen Versuchen; Kommentierung der Ergebnisse mit Bezug auf Anforderungen aus anderen Quellen bzw. Gesetzen und Verordnungen; Schlussfolgerungen, ggf. Hinweis auf neue Erkenntnisse.
12. Formale Überprüfung: jede Abbildung und Tabelle mit einer Legende (Abb.: Unterschrift; Tabelle: Überschrift) versehen. Wenn nicht alle Daten aufgeführt werden, sollte auf das Laborbuch und/oder die Dateien mit abgespeicherten Daten der Messungen verwiesen werden.

3.4 Schriftliche Ausarbeitung als Prüfungsleistung

Während eines Hochschulstudiums müssen in der Regel neben Laborberichten und Protokollen auch einige schriftliche Ausarbeitungen angefertigt werden, die entsprechend der jeweiligen Prüfungsordnung als Prüfungsleistung gewertet werden. Meist werden sie benotet und sie sind damit auch für den Studienabschluss relevant.

* *Haus-, Beleg- oder Studienarbeiten*

Haus-, Beleg- oder Studienarbeiten dienen u. a. der Einarbeitung in das wissenschaftliche Arbeiten im Rahmen eines überschaubaren Themenbereiches. Meist werden mit der Ausgabe des Themas bzw. der Aufgabenstellung auch formale Anforderungen formuliert, denen die Abhandlung genügen muss. Diese Anforderungen sollten in jedem Fall erfüllt werden. Die Arbeiten werden von den Studenten selbstständig, jedoch unter Anleitung, angefertigt. In ingenieurwissenschaftlichen Fächern kann es sich dabei um konstruktive, theoretische und/oder experimentelle Arbeiten handeln. Üblicherweise wird dazu ein zeitlicher Rahmen vorgegeben.

* *Diplom-, Bachelor- und Masterarbeit*

Bachelor-, Master- und Diplomarbeiten sind Prüfungsleistungen, mit welchen das Studium in einem entsprechenden Studiengang abgeschlossen wird. Mit einer solchen Abschlussarbeit sollen die Studenten zeigen, dass sie in einer begrenzten Zeit ein Problem aus ihrer Fachrichtung selbstständig nach wissenschaftlichen Methoden lösen können. Es wird erwartet, dass unter der Anleitung eines Betreuers zu einem bestimmten Thema bzw. Problem selbstständig substantielle Ergebnisse erarbeitet und schriftlich dargestellt werden. Oft wird die Arbeit mit einem Referat abgeschlossen.

Thema, Aufgabenstellung und Umfang der Arbeit werden von einem Betreuer, in der Regel von einem Hochschullehrer, festgelegt und begrenzt. Der zeitliche Rahmen zur Bearbeitung des Themas wird durch eine Prüfungsordnung vorgegeben, was bereits bei der Themenstellung zu beachten ist. In den Ingenieur- und Naturwissenschaften kann die Bearbeitung auch konstruktive, theoretische und/oder experimentelle Arbeiten umfassen. Die Arbeiten und die dabei erzielten Ergebnisse werden jedoch in einer schriftlichen Ausarbeitung dokumentiert, beschrieben und diskutiert. Die Arbeit wird in der Regel benotet. Die Note wird meist mit einer hohen

Gewichtung bei der Bestimmung der Abschlussnote des Studiums berücksichtigt.

- *Besonderheiten bei Prüfungsleistungen*

Prüfungsleistungen sind alle bewerteten Leistungen, die im Rahmen eines Studiums zu erbringen sind. Sie werden kritisch bewertet und in der Regel benotet. Einige davon, wie z. B. die oben aufgeführten verlangten Leistungen, werden in Form einer schriftlichen Ausarbeitung angefertigt. In einem solchen Fall sollte eine formal sehr gut abgefasste schriftliche Abhandlung zum bearbeiteten Thema zur Beurteilung vorgelegt werden. Man sollte sich bei der Ausgabe des Themas auch über die vom Hochschullehrer oder der Hochschule vorgegebenen formalen Anforderungen, denen die Ausarbeitung genügen soll, informieren. Diese Anforderungen sollten unter allen Umständen eingehalten werden.

Bei der Anfertigung und Ausarbeitung der Arbeit sind die Regeln der „Guten wissenschaftlichen Praxis" zu berücksichtigen (siehe hierzu auch Abschnitt 3.6). Die Mitglieder des Allgemeinen Fakultätentags (AFT), der Fakultätentage und des Deutschen Hochschulverbands (DHV) haben in einem gemeinsamen Positionspapier die „Gute wissenschaftliche Praxis für das Verfassen wissenschaftlicher Qualifikationsarbeiten" formuliert und erläutert[1]. Danach ist Wissenschaft „die Suche nach Wahrheit. Der redliche Umgang mit Daten, Fakten und geistigem Eigentum macht die Wissenschaft erst zur Wissenschaft. Die Redlichkeit in der Suche nach Wahrheit und in der Weitergabe von wissenschaftlicher Erkenntnis bildet das Fundament wissenschaftlichen Arbeitens."

Weiterhin wird formuliert: „Originalität und Eigenständigkeit sind grundsätzlich die wichtigsten Qualitätskriterien jeder wissenschaftlichen Arbeit."

Die intellektuellen Eigenleistungen des Studenten bzw. der Studentin, die im Zusammenhang mit der Bearbeitung des Themas erbracht wurden, sind die wesentlichen Bewertungskriterien. Bei der Ausarbeitung der Arbeit sind daher die eigenen Arbeiten und Ergebnisse deutlich von den Arbeiten und

---

[1] Positionspapier des Allgemeinen Fakultätentags (AFT), der Fakultätentage und des Deutschen Hochschulverbands (DHV): Gute wissenschaftliche Praxis für das Verfassen wissenschaftlicher Qualifikationsarbeiten. 9. Juli 2012; Nachzulesen unter: www.hochschulverband.de/cms1/uploads/media/

Ergebnissen anderer abzugrenzen und hervorzuheben. Dies geschieht einerseits durch eine präzise Kennzeichnung übernommener Ergebnisse mit den zugehörigen Literaturzitaten und einer entsprechenden Gliederung der Arbeit.

Im Bereich der Natur- und Ingenieurwissenschaften wird meist eine konkrete Aufgaben- bzw. Problemstellung vorgegeben, zu deren Lösung eigenständige experimentelle, konstruktive und/oder theoretische Arbeiten durchzuführen sind. Die theoretischen Arbeiten können z. B. Berechnungen von Bauteilen und/oder die Beschreibung von Vorgängen mit mathematisch formulierten Modellgleichungen umfassen.

Die zur Lösung der Aufgabe bzw. des Problems erbrachten Eigenleistungen können u. a. beinhalten:

- Die Konzeption eines Versuchstandes zur experimentellen Untersuchung von Vorgängen und zur Beantwortung von damit verbundenen offenen Fragen. In dem Zusammenhang sind das Konzept und die Vorgehensweise zu begründen.

- Die Durchführung von Versuchen und die Auswertung der Versuchsergebnisse. Damit verbunden sind in der Regel auch ein Vergleich und Diskussion der eigenen Ergebnisse mit bekannten Ergebnissen aus der Literatur. Die Beschreibung der eigenen durchgeführten Arbeiten und der daraus gewonnenen Ergebnisse und ihre Interpretation und Diskussion im Zusammenhang mit Bekanntem ist in solchen Fällen ein wesentlicher Teil der eigenständigen Arbeiten.

- Das systematische Sammeln und Auswerten von Bekanntem zu einem Thema. Ziel dabei ist es z. B. den Stand des Wissens oder den Stand der Technik darzustellen und ggf. daraus Schlussfolgerungen zu ziehen. So kann z. B. ein Forschungsbedarf oder eine Arbeitshypothese abgeleitet werden.

- Das Bewerten von Bekanntem und ggf. das Auswählen und Anwenden von Bekanntem. Es kann sich dabei z. B. um experimentelle, analytische oder theoretische Methoden, Theorien, Berechnungsansätze oder mathematische Modelle handeln, die dann auf die eigene Problem- bzw. Ausgabenstellung angewendet werden. Die sich aus der Übertragung und Anwendung ergebenden Erkenntnisse sind darzustellen und kritisch zu hinterfragen.

- Das Übertragen und Adaptieren von Bekanntem auf eine neue Problemstellung.

Bei der Ausarbeitung des Textes ist es wichtig, die eigenen Arbeiten und Erkenntnisse vom Bekannten abzugrenzen bzw. mit dem Bekannten zu vergleichen. Das kann sich auf die methodische Vorgehensweise, die Ergebnisse oder die angewendeten Theorien und mathematischen Modelle beziehen. Bereits die Festlegungen der eigenen Vorgehensweise zur Aufgaben- bzw. Problemlösung setzt meist bereits eine kritische Bewertung verschiedener Möglichkeiten voraus. Die hierzu angestellten Überlegungen sind bereits ein Teil der eigenständigen Arbeit und sollten daher auch bei der schriftlichen Ausarbeitung nicht vernachlässigt werden.

In der folgenden tabellarischen Auflistung werden einige allgemeine Hinweise zur Abfassung einer Studien-, Bachelor-, Master- oder Diplomarbeit aufgeführt. Auch hier gilt, dass die jeweiligen speziellen Anforderungen an den einzelnen Hochschulen zu beachten sind.

Hinweise zur Abfassung einer Studien-, Bachelor-, Master- oder Diplomarbeit

1. Die vorgegebenen Regeln und Hinweise des Fachbereiches bzw. der Fakultät und des betreuenden Professors sollten auf jeden Fall beachtet werden. Sie betreffen u. a. oft formale Kriterien, die bei der Abfassung der Arbeit beachtet werden sollen, und den Umfang der Arbeit.

2. Der Titel ist eine sehr kurze Zusammenfassung der Arbeit. Er stimmt meist mit der ausgegebenen Themenstellung überein.

3. Der Titel ist auf einer Titelseite aufgeführt. Diese sollte weiterhin enthalten
   - die Namen der Betreuer mit den akademischen Titeln (z. B. Professor, wissenschaftlicher Mitarbeiter),
   - die zugehörigen Organisationseinheit (z. B. Lehrstuhl, Labor),
   - den Namen des Verfassers der Arbeit mit der Studienadresse und ggf. Email-Adresse, Telefonnummer, Studienrichtung, Matrikelnummer und
   - das Aus- und Abgabedatum der Arbeit.

4. In der Einleitung sollte deutlich dargestellt werden, warum man sich mit dem Thema beschäftigt und worin der Nutzen der Arbeit besteht.

5. Der Ausgangspunkt, das Ziel der Arbeit, die Vorgehensweise bei der Arbeit und die angewandte Methodik sind zu beschreiben.

6. Ergebnisse und Schlussfolgerungen sind herauszustellen.

7. Eigene Ideen sind deutlich von übernommenen Meinungen und Ergebnissen zu unterscheiden. Benutzte Literatur ist zu zitieren. Oft können im dargestellten Zusammenhang Ergebnisse fremder Arbeiten kürzer mit eigenen Worten beschrieben werden als durch das Zitieren ganzer Passagen.

8. Es empfiehlt sich auf dem Deckblatt eine Kurzfassung anzugeben, in der Angaben zu den Punkten 1 bis 3 kurz skizziert sind.

9. Viele Zusammenhänge lassen sich mit Diagrammen, Skizzen, Blockschaltbildern, Fließschemata kürzer und deutlicher darstellen als durch Worte. Diese Möglichkeiten sollten daher genutzt werden.

10. Veröffentlichungen in wissenschaftlichen Zeitschriften, bei denen die Behandlung eines Themas auf wenigen Schreibmaschinenseiten gefordert wird, können für das formale Abfassen der Arbeit als Beispiele dienen. Hinweise zur formalen Abfassung von Studienarbeiten werden in Kapitel 4 beschrieben.

11. Die Studien-, Bachelor-, Master- oder Diplomarbeit ist das Werk des Autors. Er hat den Inhalt, die Form sowie das äußere Erscheinungsbild zu vertreten. Daher hat er meist auch die Freiheit von den aufgeführten Hinweisen abzuweichen. Das Ziel sollte jedoch sein, die eigenen Ideen, Thesen oder Arbeitsergebnisse dem Leser auf eine leicht verständliche Art zu vermitteln. Außerdem muss die Vorgehensweise, die zu den Ergebnissen führte, überzeugen. Die Hinweise stellen hierzu bewährte Regeln dar.

12. Oft wird auch eine eidesstattliche Erklärung gefordert, dass die Arbeit selbstständig angefertigt wurde.

3.5 Die Dissertation

Die Dissertation, als schriftliche wissenschaftliche Abhandlung zur Erlangung einer Promotion, stellt eine Prüfungsleistung dar. Mit dem erfolgreichen Abschluss einer Promotion ist die Verleihung des Doktortitels verbunden. Die Dissertation muss inhaltlich und formal den in Abschnitt 3.4 beschriebenen Anforderungen genügen. Einige Anforderungen werden u. a. in den Promotionsordnungen der einzelnen Fachbereiche bzw. Fakultäten geregelt. So lautet z. B. der § 6, Absatz 1, der im Jahre 2012 gültigen

Promotionsordnung des Fachbereiches Maschinenbau und Verfahrenstechnik der Universität Kaiserslautern wie folgt:

„Die Dissertation muss eine die wissenschaftliche Erkenntnis fördernde gründliche Behandlung eines vorwiegend ingenieurwissenschaftlichen oder naturwissenschaftlichen Problems enthalten. Mit der Dissertation soll der Bewerber zeigen, dass er selbstständig wissenschaftlich arbeiten kann. Bei der Wahl des Dissertationsthemas und beim Anfertigen der Dissertation kann ein Professor oder Privatdozent des Fachbereichs betreuend mitgewirkt haben. Der Fachbereich muss für das Gebiet der Dissertation zuständig sein."

Damit ist auch die Zielsetzung der Dissertation für den Autor klar vorgegeben. Er soll mit seiner Dissertation neue Erkenntnisse vermitteln. Es reicht nicht aus, wie z. B. bei einer Masterarbeit, Bekanntes zu vermitteln oder anzuwenden. Mit der Arbeit soll der Doktorand auch den Nachweis erbringen, dass er auf einem Fachgebiet der zuständigen Fakultät „wissenschaftlich arbeiten kann".

Zur formalen Abfassung der Dissertation wird in der Promotionsordnung des Fachbereiches Maschinenbau und Verfahrenstechnik der Universität Kaiserslautern in § 4 Absatz 3 lediglich angemerkt, dass die Exemplare in Maschinenschrift abgefasst werden müssen. Zusätzlich wird festgelegt: „Die Exemplare müssen gebunden und mit Titelblatt, Seitenzahl, einer Zusammenfassung, einem Literaturverzeichnis sowie einem Lebenslauf des Verfassers versehen sein. Die Dissertation ist vorzugsweise in deutscher Sprache abzufassen. Alternativ ist auch die englische Sprache zulässig. Andere europäische Amtssprachen sind nur in Absprache mit den Mitgliedern der Promotionskommission und nach Genehmigung durch den Fachbereichsrat zulässig. Wird die Dissertation nicht in deutscher Sprache abgefasst, so ist eine Zusammenfassung von ca. 3 Seiten in der Arbeit in deutscher Sprache voranzustellen."

Damit wird deutlich, dass in diesem Fall die vorgegebenen formalen Anforderungen oft nicht genau festgelegt werden und der Doktorand einen großen Spielraum bei der Abfassung seiner Dissertation hat, den es zu nutzten gilt. Sie muss jedoch auf jeden Fall den Anforderungen, die an eine wissenschaftliche schriftliche Abhandlung gestellt werden, genügen. Daher sind die in Abschnitt 3.4 erwähnten Regeln der „Guten wissenschaftlichen Praxis" auf jeden Fall zu berücksichtigen. Dazu gehört u. a. auch die

Verpflichtung zur Angabe der Quellen und zur Beachtung des Urheberrechts (siehe hierzu Abschnitt 3.6). Grundlegende und bewährte Regeln zur Textgestaltung werden im Kapitel 4 behandelt.

3.6 Quellenangabe und Urheberrecht

Zur Darstellung und Diskussion eigener Ideen und Gedanken ist es häufig erforderlich auf fremde Arbeiten zurückzugreifen. Oft bereiten solche „Quellen" den Nährboden, auf dem die eigenen Ideen sprießen und zu ausgearbeiteten Theorien oder Produkten heranreifen. Aufgrund von Vergleichen mit anderen Arbeiten kann die eigene Arbeit besser dargestellt und die Unterschiede zu Bekanntem besser herausgearbeitet werden. In der Einleitung vieler schriftlicher Ausarbeitungen wird anhand von zitierten Literaturstellen der Stand des Wissens dargestellt und die sich daraus ergebenden Wissenslücken beschrieben. In Forschungsanträgen wird daraus ein Forschungsbedarf und in einer Dissertation die Begründung für die Durchführung der eigenen Arbeiten abgeleitet. Bei der Ausarbeitung eigener Ideen kann auf Ideen, Theorien und Daten anderer zurückgegriffen werden. Sie werden z. B. dazu genutzt, um die eigene Theorie zu entwickeln oder um Problemstellungen damit zu bearbeiten. Durch einen Verweis auf andere Arbeiten können auch unnütze Wiederholungen fremder Arbeiten in einer Ausarbeitung vermieden werden.

Die in solchen Zusammenhängen wichtige Bedeutung der wissenschaftlichen Literatur als Wissensspeicher bzw. als „Quelle" für eigene Arbeiten wurde in Abschnitt 1.3 beleuchtet. Wissenschaftler greifen auf diese „Quellen" zurück, um von anderen zu lernen und ihre eigenen Arbeiten darauf aufzubauen. Entsprechend haben in schriftlichen Abhandlungen die „Quellen" einen besonderen Stellenwert. Eine korrekte Angabe der „Quellen", auf denen die eigenen Arbeiten aufbauen, ist daher notwendig und eine Pflicht jedes Autors.

Die Ausgabe fremder Erkenntnisse als die eigenen oder das Zitieren fremder Quellen ohne Quellenangabe ist ein Verstoß gegen die „Gute wissenschaftliche Praxis" und eine „Todsünde akademischen Handelns"[1]. Im

---

[1] W. F. van Gunsteren: Die sieben Todsünden akademischen Handelns in der naturwissenschaftlichen Forschung. Angew. Chem. 125 (2013), S. 128 – 132. DOI: 10.1002/ange.201204076

Zusammenhang mit Prüfungsleistungen stellen sie eine Täuschung dar, und können als solche auch rechtliche Folgen haben, wie die jüngsten Plagiatsaffären zeigen.

Rechtliche Folgen können sich auch aus einem Verstoß gegen das Urheberrecht ergeben, das in Deutschland mit dem Urhebergesetz (UrhG) geregelt wird[1]. Beim Abfassen von Texten muss insbesondere das Zitatrecht, das in § 51 UrhG geregelt ist, beachtet werden. Es regelt Ausnahmen des Urheberrechts, bei denen geschützte Werke oder Werkteile ohne Zustimmung des Urhebers vervielfältigt werden dürfen. Über das Zitieren eines Werkes heißt es in § 51 UrhG:

„Zulässig sind die Vervielfältigung, Verbreitung und öffentliche Wiedergabe eines veröffentlichten Werkes zum Zweck des Zitats, sofern die Nutzung in ihrem Umfang durch den besonderen Zweck gerechtfertigt ist. Zulässig ist dies insbesondere, wenn

1. einzelne Werke nach der Veröffentlichung in ein selbständiges wissenschaftliches Werk zur Erläuterung des Inhalts aufgenommen werden,

2. Stellen eines Werkes nach der Veröffentlichung in einem selbständigen Sprachwerk angeführt werden."

Es wird dabei also vorausgesetzt, dass die genehmigungsfreie Wiedergabe von fremden Texten oder Abbildungen durch den Zitatzweck gerechtfertigt ist. Dies sieht das Urheberrechtsgesetz in erster Linie im wissenschaftlichen Diskurs gegeben. Zitate dürfen ohne Genehmigung in ein eigenes Werk, das selbst schutzfähig im Sinne des Urheberrechts ist, übernommen werden, wenn es zur Erläuterung des Inhaltes dient. Damit sind in einem Text ohne eigenen schöpferischen Beitrag einzelne Zitate grundsätzlich genehmigungspflichtig. In wissenschaftlichen Abhandlungen dient ein Zitat jedoch oft als Beleg oder Diskussionsgrundlage. Damit ist ein ausreichender Zitatzweck gegeben und es genügt die korrekte Quellenangabe. Hierzu heißt es in § 63, Absatz 1, UrhG:

„(1) Wenn ein Werk oder ein Teil eines Werkes in den Fällen des § 45 Abs. 1, der §§ 45a bis 48, 50, 51, 53 Abs. 2 Satz 1 Nr. 2 und Abs. 3 Nr. 1 sowie der §§ 58 und 59 vervielfältigt wird, ist stets die Quelle deutlich anzugeben. Bei der Vervielfältigung ganzer Sprachwerke oder ganzer Werke der Musik ist

---

[1] Siehe hierzu: http://www.gesetze-im-internet.de/urhg/

neben dem Urheber auch der Verlag anzugeben, in dem das Werk erschienen ist, und außerdem kenntlich zu machen, ob an dem Werk Kürzungen oder andere Änderungen vorgenommen worden sind. Die Verpflichtung zur Quellenangabe entfällt, wenn die Quelle weder auf dem benutzten Werkstück oder bei der benutzten Werkwiedergabe genannt noch dem zur Vervielfältigung Befugten anderweit bekannt ist."

Bildzitate, die einen rein illustrativen Charakter haben, sind demnach genehmigungspflichtig. Bei der Wiedergabe von fremden Abbildungen ist es daher in jedem Fall ratsam, sich vor der Veröffentlichung abzusichern.

Aus „gemeinfreien" Werken, d. h. aus Werken, bei denen der Urheberrechtsschutz ausgelaufen ist, dürfen Werkteile frei übernommen werden. Nach dem bestehenden Urheberrecht gelten Werke nach 70 Jahren, vom Tod des Urhebers aus gerechnet, als „gemeinfrei". Natürlich müssen auch Zitate aus gemeinfreien Werken in den eigenen Texten mit einer Quellenangabe versehen werden. Ganze gemeinfreie Werke können auch ohne Genehmigung in Form von Reprints oder Digitalpublikationen neu herausgebracht werden.

4 Grundlagen der Textgestaltung

4.1 Einführung

Zur Ausarbeitung von längeren schriftlichen Abhandlungen und Fachbeiträgen in den Ingenieur- und Naturwissenschaften haben sich im Laufe der Zeit anerkannte Regeln und Richtlinien herausgebildet, die zu beachten sind. Sie dienen dazu, dass der Inhalt des Textes für den Leser möglichst einfach erschlossen wird und, dass er so präsentiert wird, dass das Interesse am Lesen geweckt wird. Die Regeln beziehen sich auf bewährte stilistische und formale Kriterien, die in den folgenden Abschnitten behandelt werden. Beim Abfassen von Veröffentlichungen für eine bestimmte Fachzeitschrift sollten zudem die jeweils gültigen Autorenrichtlinien berücksichtigt werden.

Längere Texte werden heute in der Regel mit einem Computer in Verbindung mit einem Textverarbeitungsprogramm erstellt. Unterschiedliche Programmen werden hierzu angeboten, wobei „Microsoft Word" wohl am weitesten verbreitet ist. Bei diesem Programm wird, wie bei vielen anderen auch, im Modus „Seitenlayout" das erstellte Dokument so angezeigt, wie es später ausgedruckt wird. Gleichungen und Grafiken können aus anderen Programmen importiert und in den Text eingefügt werden. Anders arbeitet das im wissenschaftlichen Bereich auch verwendete Programm LaTeX. Bei diesem Programm wird mit reinen Textdateien gearbeitet in denen u. a. Überschriften, Abschnitte und Gleichungen mittels gesonderten Befehlen gekennzeichnet werden. Das quasi als Quellcode erstellte Dokument kann dann zu einem Text im Endformat weiterverarbeitet und z. B. in Form einer PDF-Datei ausgegeben werden. Die Texterfassung (das Schreiben des Quellcodes) und der Satz des fertigen Dokuments sind in diesem Fall zwei getrennt Schritte. Entsprechend kann beim Schreiben des Textes die Endversion auch nicht angezeigt werden.

Bei der Anfertigung des Textes sollte man sich an den internationalen Regeln und den nationalen Übereinkünften (z. B. ISO- und DIN-Normen[1], IUPAC- bzw. IUPAP-Richtlinien, IUPAC = International Union of Pure and Applied Chemistry[2], IUPAP = International Union of Pure and Applied Physics) orientieren. Die Einhaltung der Regeln kann z. T. durch eine entsprechende Formatierung mit den gängigen Textverarbeitungsprogrammen gewährleistet werden. Die Einsendung eines Manuskriptes auf einem elektronischen Datenträger ist heute üblich. Es sind auch einige Bücher erschienen, die als Leitfaden bei der Erstellung eines Manuskriptes wertvolle Hilfen bieten. Einige davon sind im Anhang aufgeführt.

Fachaufsätze müssen anwendungsorientiert und verständlich geschrieben sein. Je nach Zeitschrift wird oft zwischen Übersichtsbeiträgen, Beiträgen zu konkreten Forschungsergebnissen, Kurzberichten und kurzen Fachinformationen unterschieden. Das dazu gehörige Manuskript sollte die in den Autorenrichtlinien der Zeitschriften angegebenen Umfänge an Textseiten (A4), Abbildungen sowie Tabellen nicht überschreiten.

4.2 Titel

Der Titel sollte möglichst eine sehr kurze Zusammenfassung der Arbeit darstellen. Er muss mit besonderer Sorgfalt gewählt werden und so kurz wie möglich und treffend formuliert sein.

4.3 Autor(en)

Auf der Titelseite werden neben dem Titel auch die vollständigen Namen der Autoren aufgeführt. Werden im Zusammenhang mit der Überschrift die Vornamen der Autoren nur durch ihren Anfangsbuchstaben gekennzeichnet, so sollten in einer Fußnote dann die vollständigen Autorennamen (Vor- und Zuname) angegeben werden. Ferner sollten in der Fußnote die zugehörigen akademischen Titel, die Adressen, Telefon- und Telefaxnummern sowie eine E-Mail-Adresse angegeben werden.

---

[1] Siehe: Tabelle 2 im Anhang
[2] Siehe: www.iupac.org

Nach den Vorschlägen zur Sicherung guter wissenschaftlicher Praxis der Deutschen Forschungsgemeinschaft tragen die Autoren die Verantwortung für den Inhalt einer Veröffentlichung stets gemeinsam. Eine sogenannte „Ehrenautorschaft" sollte ausgeschlossen werden.

4.4 Kurzfassung / Vorwort

Bei Aufsätzen, längeren Berichten und Monographien kann eine Kurzfassung (Zusammenfassung, Abstract) dem eigentlichen Text vorangestellt werden. Sie führt in die Thematik ein und soll das Ziel und den Zweck der Arbeit, die angewandte Methodik sowie die wichtigsten Ergebnisse und Schlussfolgerungen enthalten. Oft sind die Zahl der Zeilen oder Worte begrenzt. Diese Begrenzung sollte auf jeden Fall eingehalten werden. Bei Büchern übernimmt das „Vorwort" oft auch die Funktion einer Zusammenfassung. Ein Vorwort enthält darüber hinaus oft noch den (historischen) Hintergrund, der zur Abfassung der Abhandlung geführt hat. Auch Danksagungen können im Vorwort enthalten sein. Eine Kurzfassung bzw. ein Vorwort ist ein separater Text und wird nicht in die Gliederung der Abhandlung aufgenommen.

4.5 Inhaltsverzeichnis

Bei umfangreichen Berichten und Abhandlungen gibt ein Inhaltsverzeichnis eine Übersicht über die Gliederung des Textes und erleichtert damit den Zugang zu den Inhalten. Das Verzeichnis enthält die Überschriften der Kapitel, Abschnitte und Anhänge mit den vorgestellten Nummern der Gliederungsebene und die zugehörigen Seitenzahlen. Die Überschriften im Text und im Inhaltsverzeichnis müssen identisch sein. Es sollten im Inhaltsverzeichnis nur die Überschriften bis zur zweiten oder dritten Gliederungsebene aufgeführt werden.

4.6 Struktur, Gliederung

Eine übersichtliche Strukturierung und Gliederung in Abschnitte und Absätze hilft dem Leser beim Erfassen der dargebotenen Zusammenhänge.

In den Natur- und Ingenieurwissenschaften ist die numerische Gliederung, bei der Kapitel und Abschnitte fortlaufend mit arabischen Ziffern versehen werden, üblich. Jeder Abschnitt muss eine Überschrift haben, die vom Text abgesetzt ist. Die Überschrift soll knapp und präzise angeben, welches Thema im nachfolgenden Abschnitt behandelt wird. Die Überschrift soll keine Artikel und Abkürzungen enthalten. Ein Abschnitt kann in Unterabschnitte (als zweite Ebene), und diese in weitere Abschnitte unterteilt werden, die jeweils nachrangig sind. In der Regel sollte eine mit Nummern versehene Abschnittstiefe von drei Ebenen nicht überschritten werden. In einer Ebene sind Unterabschnitte nur bei zwei oder mehr sinnvoll. So ist z. B. ein Unterabschnitt 3.1 nur sinnvoll, wenn auch ein Abschnitt 3.2 vorhanden ist.

Ein neuer Absatz sollte mit einer neuen Betrachtung begonnen werden, so dass die vorhergehende als abgeschlossen betrachtet werden kann. Eine Unterteilung im Sinne einer Aufzählung kann durch Spiegelstriche vorgenommen werden.

In einer Einleitung sollte deutlich dargestellt werden, warum man sich mit der Thematik beschäftigte und worin der Nutzen der Arbeit besteht. Sie kann auch (historische) Gründe für die Bearbeitung des Themas, Kommentare oder Informationen über den Inhalt sowie eine Einführung ins Thema enthalten.

Im Weiteren ist der Ausgangspunkt, das Ziel der Untersuchung, die Vorgehensweise der Arbeit und die angewandte Methodik zu beschreiben. Hierzu genügt es häufig vorausgegangene Arbeiten, in denen Details beschrieben sind, zu zitieren.

Durch eine entsprechende Gliederung können Inhalte mit eigenen Ideen und Ergebnissen deutlich von zusammenhängenden Berichten über Arbeiten anderer Autoren, fremden Arbeiten und Meinungen anderer deutlich abgegrenzt werden. Auf die benutzte Literatur ist zu verweisen (siehe 4.17). Wörtliche Zitate werden in Anführungszeichen wiedergegeben.

Eigene Ergebnisse und Schlussfolgerungen sind gesondert herauszustellen (z. B. durch gesonderte Abschnitte) und vollständig und nachvollziehbar zu beschreiben. Früher bereits veröffentlichte eigene Ergebnisse sollten klar ausgewiesen und nur so weit dargelegt werden, wie es für das Verständnis der neuen Zusammenhänge notwendig ist. Auch die eigenen Vorarbeiten sollten durch Verweise auf die zugehörigen Literaturstellen auffindbar sein.

Beispiel: *Gliederungspunkte*

2. Stand der Technik
   (Beschreibung des Standes der Technik unter Einbeziehung der Entwicklungen anderer)
3. Neu entwickelte Vorrichtung
   (Beschreibung der eigenen Entwicklung)

Bei experimentellen Arbeiten sollen die Versuche und die Versuchsgeräte so beschrieben sein, dass die Versuche praktisch wiederholt werden könnten. Dies kann auch dadurch geschehen, dass auf Berichte und Aufsätze, in denen hierzu notwendige Beschreibungen enthalten sind, verwiesen wird. Den experimentellen Arbeiten sollte ein eigener Abschnitt gewidmet werden. Die Versuchsauswertung und Diskussion sollten in einem davon separaten Abschnitt erfolgen.

In groben Zügen empfiehlt sich bei einer eigenständigen wissenschaftlichen Arbeit zu einem bestimmten Thema z. B. die folgende Gliederung:
- Einleitung,
- Problemstellung und Darstellung des Standes des Wissens auf dem Gebiet,
- Darstellung der Vorgehensweisen und Tätigkeiten (Versuche, Berechnungen),
- Präsentation der Ergebnisse und ihre Darstellung im Zusammenhang mit dem zuvor beschriebenen Stand der Technik,
- Diskussion mit Schlussfolgerungen,
- Zusammenfassung.

4.7 Hinweise zum Inhalt und zum Schreibstil

Die hier besprochenen Regeln gelten für ein eigenständiges Dokument, wie z. B. eine Masterarbeit, einen Bericht oder eine Veröffentlichung in einer Fachzeitschrift. In besonderen Fällen kann eine Thematik in einer Zeitschrift auch in mehreren Teilen abgehandelt werden, die in aufeinanderfolgenden Ausgaben einer Zeitschrift veröffentlicht werden. Sinnvoll ist dies beispielsweise, wenn die nachfolgenden Teile der Veröffentlichung inhaltlich miteinander in Beziehung stehen. Es ist dann auf die jeweils bereits erschienen Beiträge zu verweisen, wobei jedoch jeder Teil wie eine eigenständige Veröffentlichung abzufassen ist.

Eine eigenständige Veröffentlichung bzw. ein eigenständiges Dokument sollte in sich abgeschlossen sein und ein einheitliches Bild vermitteln. Neben dem einheitlichen Layout wird die Einheitlichkeit auch durch einen einheitlichen Schreibstil erreicht. Dabei sind folgende Grundsätze zu beachten:

- Sehr lange Sätze und Schachtelsätze sind zu vermeiden. Kurze Sätze, mit klaren Aussagen fördern die Verständlichkeit des Textes.

- Jeder Satz muss auch bei einer isolierten Betrachtung verständlich sein.

- Es muss auf klare Begriffe und auf die richtige Anwendung der Fachterminologie geachtet werden. Ein einmal eingeführter Begriff für eine Sache bzw. einen Sachverhalt sollte konsequent beibehalten und genutzt werden. Es sollten nur Fachausdrücke verwendet werden, von denen angenommen werden kann, dass die Leser sie kennen und verstehen. Neu eingeführte Begriffe oder wenig verbreitete Bezeichnungen sollten definiert bzw. erklärt werden. Das gleiche gilt auch für „Modewörter", falls darauf nicht verzichtet werden kann.

- Namen von Organisationen und Unternehmungen sowie ihrer Abkürzungen müssen der amtlichen Bezeichnung entsprechen. Wenn offizielle deutsche Übersetzungen fehlen, ist die Bezeichnung in der jeweiligen Landessprache zu verwenden.

- Abkürzungen sollten nur verwendet werden, wenn eine mehrdeutige Interpretation ausgeschlossen ist. Mit Ausnahme von Standardabkürzungen, die auch im Duden aufgeführt sind, sollten Abkürzungen vor der ersten Nutzung erklärt werden. Hierzu wird zunächst der Begriff oder die Bezeichnung beim ersten Vorkommen ausgeschrieben und danach wird in Klammern die zugehörige Abkürzung aufgeführt. Im nachfolgenden Text kann dann die Abkürzung verwendet werden. In der Regel werden Abkürzungen aus direkt hintereinander aufgeführten Großbuchstaben gebildet. Ausnahmen sind Abkürzungen von häufigen Redewendungen (Standardabkürzungen), die aus den Anfangsbuchstaben einzelner Wörter bestehen und die mit einem Punkt hinter jedem Buchstaben geschrieben werden (zum Beispiel: z. B.; unter Umständen: u. U., das heißt: d. h.). Mit Ausnahme solcher Abkürzungen können Abkürzungen zusätzlich in einem Abkürzungsverzeichnis erklärt werden (siehe Abschnitt 4.18). Wenn die Abkürzung selbst als Begriff eingeführt ist, wie z. B. die Bezeichnungen Mio., Mrd., DIN, IHK oder TÜV, können sie auch ohne Erklärung verwendet werden. Titel sollten immer in der abgekürzten Form angegeben werden (z. B. Prof., Dr.-Ing.). Berufsbezeichnungen wie Ingenieur, Professor oder Architekt sollten dagegen ausgeschrieben werden.

- Um unnötige Wiederholungen von eigenen Texten zu vermeiden werden Verweise auf die entsprechenden Stellen verwendet, z. B. in der Form „siehe Abschnitt 2.3.4". Es ist zweckmäßig auf Abschnitte oder Absätze zu verweisen und nicht auf Seitennummern.

- Umgangssprachliche Wendungen und Beschreibungen (z. B. „die aller beste Lösung" oder „das optimalste Modell") sind zu vermeiden.

- Es sollte möglichst auf eine geschlechtsneutrale Schreibweise in wissenschaftlichen Arbeiten geachtet werden. Oft wird sie auch gefordert.

4.8 Rechtschreibung

Bei der Abfassung von Texten in deutscher Sprache sollte die „neue Rechtschreibung" zugrunde gelegt werden. Als Grundlage dient in der Regel der Duden Band 1 in seiner aktuellen Auflage[1]. Folgende Punkte sollte man zusätzlich beachten: Die „wissenschaftliche" Schreibweise ist anzuwenden, die z. B. der internationalen Nomenklatur folgt (z. B. IUPAC-

---

[1] Der Duden – Die deutsche Rechtschreibung. 26. Aufl. Bibliographisches Institut, Mannheim (2013)

Empfehlungen[1]). So ist die Schreibweise *Calcium* statt Kalzium oder *Ethanol* statt Äthanol zu verwenden. Fachbegriffe aus Fremdsprachen sollten nicht eingedeutscht werden (z. B. *Shredder* statt Schredder).

4.9 Zeichen und Sonderzeichen

Zwischen dem Trennungs- bzw. Bindestrich (-) und dem Gedankenstrich (–) ist zu unterscheiden. Der Gedankenstrich ist länger und ersetzt oft das Wort „bis" (z. B.: Seite 6–10; von 8–16 Uhr). In diesem Fall ist vor und nach dem Gedankenstrich kein Abstand einzufügen.

Bekannte Sonderzeichen sollten möglichst verwendet werden, wie z. B. % für eine Prozentangabe oder das Zeichen § für einen Paragrafen. Dabei ist zwischen dem Paragrafenzeichen und der Ziffer des Paragrafen ein Leerzeichen vorzusehen (z. B. „§ 102 BGB").

4.10 Grafiken, Abbildungen, Diagramme

Viele Zusammenhänge lassen sich mit Grafiken (z. B. Diagramme, Schaltbilder, Fließschemata), Abbildungen und Gleichungen kürzer und deutlicher darstellen als durch Worte. Diese Möglichkeiten sollten genutzt werden. Daher sind Grafiken und Abbildungen erwünscht, wenn dadurch eine Textkürzung und eine übersichtlichere Darstellung erreicht werden. Auf nicht notwendige Grafiken und Abbildungen sollte jedoch verzichtet werden.

Grafiken und Abbildungen sollten ebenso wie mathematische Gleichungen mit arabischen Zahlen durchnummeriert werden. Bei Manuskripten, die bei einer Fachzeitschrift zur Veröffentlichung eingereicht werden, werden Grafiken und Abbildungen oft auf gesonderten Blättern im Anschluss an den Text des Manuskriptes angehängt. Bei Berichten und Abhandlungen werden sie in den Text eingefügt. Nach DIN 5008[2] sollen Grafiken, Abbildungen und Diagramme zentriert zwischen den Seitenrändern eingefügt werden.

---

[1] Siehe: www.iupac.org
[2] DIN 5008: Schreib- und Gestaltungsregeln für die Textverarbeitung

Jede Abbildung muss eine Unterschrift (Legende) erhalten. In ihr sollte nur das, was abgebildet wird, beschrieben werden. Oft wird eine Abbildung erst durch die Unterschrift erschlossen, d. h. das Abgebildete wird für den Betrachter erst im Zusammenhang mit der Unterschrift verständlich. So können z. B. Abkürzungen in einer Abbildung in der Unterschrift erklärt werden oder durch die Angabe des Typs einer abgebildeten Maschine wird die Zuordnung der technischen Daten möglich. Bei Abbildungen aus der Literatur muss in der Unterschrift auf die Quelle verwiesen werden. Bei Diagrammen ist auf eine einheitliche Beschriftung der Achsen zu achten. Durch den Verweis im Text auf die Abbildung und die Nummerierung sowie die Legende wird ein Bezug zum Text hergestellt.

Die Abbildungsvorlagen müssen reproduktionsfähig geliefert werden. Auf eine ausreichend große und klare Beschriftung in den Abbildungen ist zu achten. Bei der Erstellung von Diagrammen ist zu beachten, dass die Achsen beschriftet sind und die Beschriftung und die Zahlenwerte mit den zugehörigen Einheiten außerhalb der Diagrammfläche angeordnet sind. Die Koordinaten von Diagrammen müssen mit dem Symbol der Größe und der zugehörigen SI-Einheit versehen werden.

Bei der heute üblichen Textverarbeitung sind Abbildungen eigenständige Dateien unterschiedlicher Formate. Bei ihrer digitalen Erfassung und Speicherung kann man zwischen einer Rastergrafik und einer Vektorgrafik unterscheiden. Bei einer Rastergrafik wird die Abbildung aus Bildpunkten (Pixeln) zusammengesetzt. Die Bilddaten werden in Gruppen von Pixelzeilen, so genannten Stripes (Streifen) oder als rechteckige Tiles (Kacheln), je nach Grafikformat zur Speicherung der Daten, abgelegt. Bekannten Grafikformate für Rastergrafiken sind JPEG, TIFF oder PNG. Bilder einer Digitalkamera werden immer als Rastergrafiken erfasst.

Bei einer Vektorgrafik wird das Bild mit grafischen Elementen, wie z. B. Geraden, Kreisen oder allgemein Kurven erfasst. Das Bild wird mit diesen Elementen exakt erfasst und aufgebaut. So wird eine Gerade durch ihren Anfangs- und Endpunkt, ihre Linienbreite und ihre Farbe vollständig beschrieben. All diese Elemente einer Grafik werden mit ihren Daten gespeichert. Damit kann eine Vektorgrafik im Gegensatz zu einer Rastergrafik stufenlos und ohne Verlust an Schärfe vergrößert oder verkleinert werden. Zur Erfassung und Speicherung von Vektorgrafiken werden u. a. die Dateiformate WMF, EPS oder SVG verwendet.

Strichgrafiken, d. h. Schwarz/Weiß-Abbildungen, die ohne Graustufen erfasst werden, werden oft als Vektorgrafiken erstellt und gespeichert. Werden sie eingescannt und als Rastergrafik erfasst und gespeichert, sollte die Auflösung mindestens 1000 dpi betragen. Die Vorlage sollte dabei möglichst keine Striche mit einer Breite unter 0,3 mm enthalten. Die Abkürzung „dpi" steht für „dots per inch", eine Maßeinheit für die Auflösung einer Abbildung im Druck und bei der elektronischen Erfassung bzw. Wiedergabe.

Bei einer 1:1-Darstellung sollte eine Abbildung mindestens mit einer 400 dpi (besser 600 dpi) Auflösung erfasst und gespeichert werden. Im Falle einer Fotografie ist eine Mindestauflösung von 600 dpi erforderlich. Abbildungen sollten nicht in einem kleineren Format erfasst werden, als in dem, das für den Druck vorgesehen ist.

Die Größe der Abbildungen ist so zu wählen, dass alle erforderlichen Einzelheiten gut erkennbar sind. Bei farbigen Abbildungen sollte berücksichtigt werden, dass sie auch im Schwarz-Weiß-Druck gut zu erkennen sind. Bei Diagrammen und Zeichnungen ist darauf zu achten, dass die Liniendicke nicht zu dünn gewählt wird, damit sie nicht bei einer Wiedergabe verschwinden. Bei Diagrammen ist zudem darauf zu achten, dass farbige Kurvenverläufe und gleichartige farbige Symbole bei einem Schwarz-Weiß-Druck nicht zu unterscheiden sind. In einem solchen Fall sind die einzelnen Kurven mit verschiedenen Linienarten und Symbole darzustellen.

4.11 Tabellen

Tabellen werden in der Regel gesondert durchnummeriert und im Gegensatz zu den Abbildungen mit einer Überschrift versehen. Ebenso wie auf eine Abbildung muss auch auf eine Tabelle im Text hingewiesen werden. Dabei wird das Wort „Tabelle" nicht abgekürzt. Auch bei der Erstellung von Tabellen muss darauf geachtet werden, dass aufgeführte physikalische Größen klar gekennzeichnet sind und die zu den Zahlenwerten passenden Einheiten des internationalen Einheitensystems (SI-Einheiten) aufgeführt werden.

4.12 Mathematische Variablen, Symbole und Gleichungen

Variable (veränderliche) Größen und Formelzeichen werden in der Regel kursiv geschrieben. Physikalische Größen sind mit den üblichen eingeführten Symbolen (meist lateinische oder griechische Klein- oder Großbuchstaben) zu kennzeichnen[1]. Alle verwendeten Symbole sind entweder im Text bei der ersten Benutzung oder in einem separaten Symbolverzeichnis am Anfang oder am Ende der Ausarbeitung zu erklären.

Mathematische Gleichungen sind deutlich zu schreiben (Indizes, Hochzahlen). Sie werden üblicherweise in einer separaten Zeile im Text aufgeführt. Im Zusammenhang mit Textprogrammen werden auch Programme zur normgerechten Schreibweise von Gleichungen angeboten, wie z. B. MathType. Bei der Angabe von Zahlenwerten von physikalischen Größen sollten nur die Einheiten des Internationalen Systems (SI-Einheiten) verwendet werden. Entsprechend sollten auch für die Einheiten die international vereinbarten Zeichen verwendet werden (z. B. kg für Kilogramm, m für Meter, s für Sekunde).

Gleichungen, auf die man im Text wieder Bezug nimmt, sollten mit arabischen Zahlen fortlaufend nummeriert werden, wobei die zugehörige Zahl hinter der Gleichung am Ende der Zeile in einer runden Klammer aufgeführt wird. Bei einem Verweisen im Text auf eine Gleichung wird oft die Abkürzung Gl. (Gleichung) in Verbindung mit der Nummer (ohne Klammer) verwendet (z. B.: Wie man anhand von Gl. 4 erkennen kann…).

4.13 Schrift

Zum Lesen längerer Fließtexte sind so genannte Serifenschriften, wie z. B. der im vorliegenden Text genutzte Schrifttyp „Times New Roman" oder der Schrifttyp „Garamond", besser geeignet als serifenlose Schriften. Als Serife bezeichnet man die feinen „Füßchen", die einen senkrechten Buchstabenstrich an seinen unteren Enden abschließen. Dadurch wird die Grundlinie betont und die Leserlichkeit des Textes verbessert. Unter dem Begriff werden auch andere „Zierabschlüsse" an Buchstaben zusammengefasst. Die

---

[1] Siehe auch: DIN 1338: Formelschreibweise und Formelsatz.

Serifenschriften gehen in ihrer Form auf alte eingemeißelte römische Schriftzeichen zurück und wurden mit dem Buchdruck eingeführt. Vor allem die im 15. Jahrhundert eingeführte Schrift „klassische Antiqua" entwickelte sich zu einem Grundtyp der Serifenschriften, von dem viele weitere abgeleitet wurden. Im 16. Jahrhundert hat nach diesem Vorbild der Franzosen Claude Garamond den nach ihm benannte Schrifttyp geschaffen und bei gedruckten Werken genutzt. Der Schrifttyp „Times", wurde in den dreißiger Jahren des 20. Jahrhunderts für die Londoner Zeitung „The Times" entworfen.

Serifenlose Schriften kamen erst am Ende des 18. Jahrhunderts auf. Bekannte serifenlose Schrifttypen sind Gill Sans, Helvetica und Arial.

Die bekannten Schriftarten werden nach DIN 16518 in elf Klassen eingeteilt. Nach dieser Klassifizierung zählt die Schriftart „Times" zu den Barock-Antiqua-Schriften.

4.14 Textformatierung

Ein Manuskript zur Veröffentlichung wird heute in der Regel mit einem Textverarbeitungssystem erstellt. Der Text sollte in einer Datei erfasst sein. Unterstreichungen und Hervorhebungen im Text durch verschiedene Schriftarten und Großschreibung sollten nicht erfolgen. Bei einem Manuskript, das zur Veröffentlichung eingereicht wird, sollte der Zeilenabstand mindestens 1 1/2 betragen. Bei gedruckten Werken ist auch ein einfacher Zeilenabstand üblich. Bei einem Fachaufsatz sollte der Text durch Zwischenüberschriften gegliedert sein (siehe Abschnitt 4.6).

Zur Veröffentlichung wird heute ein Manuskript in der Regel elektronisch übermittelt. Bei einer zusätzlichen Zustellung des Manuskriptes in Papierform sollte der Name der zugehörigen Datei auf dem Ausdruck und ggf. auf der beigelegten CD angegeben werden.

Zusammengehörige Zeichen, die durch Zwischenräume gegliedert werden, wie z. B. bei einer physikalischen Größe zwischen dem Zahlenwert und Maßeinheit, oder einem Namen mit voranstehendem Titel, dürfen auch an den Zwischenräumen nicht getrennt werden. Sie sind daher durch so genannte geschützte Zeichen (engl.: non-breaking space, abgekürzt: NBSP) gegen einen unbeabsichtigten Zeilenumbruch zu sichern.

4.15 Quellenangabe und Zitate

Gedanken und Meinungen anderer Autoren können wörtlich oder sinngemäß übernommen und im Kontext aufgeführt werden. Dabei muss auf den Autor und die Quelle verwiesen werden. Wörtliche Zitate sollten nur dann verwendet werden, wenn ein Autor eine Definition eingeführt oder einen Sachverhalt besonders treffend formuliert hat. Wörtlich aufgeführte Zitate sind eindeutig als solche, z. B. durch Anführungszeichen oder/und eine veränderte Schrift, zu kennzeichnen. Wörtliche Zitate dürfen weder in der Rechtschreibung noch in der Interpunktion vom Original abweichen. Auslassungen sind durch Punkte in eckigen Klammern wie folgt zu kennzeichnen: [...]. Auch eingefügte Worte des Verfassers, z. B. zur Ergänzung eines Satzes werden in eckigen Klammern eingefügt.

Analog sind auch fremdsprachliche Zitate aufzuführen. Kurze englische Zitate müssen nicht übersetzt werden. Bei Zitaten anderer Sprachen und bei längeren englischen Zitaten sollte eine Übersetzung mit Angabe des Übersetzers im Anschluss im Text oder in einer Fußnote aufgeführt werden. Im Zusammenhang mit dem Zitat wird der Name des Verfassers aufgeführt und auf die Literaturstelle verwiesen.

Die rechtlichen Regelungen zu Zitaten im Zusammenhang mit dem Urheberrecht werden im Abschnitt 3.6 behandelt. Der Verweis auf die Quelle des Zitates kann bei kürzeren Zitaten am Ende stehen. Bei längeren Zitaten ist es zweckmäßig die zugehörigen Autoren und den Verweis bereits am Beginn aufzuführen. Bei übernommenen Abbildungen und Diagrammen sollte der Verweis auch in der Abbildungslegende angefügt werden.

4.16 Literaturverweise bzw. -hinweise

Ein Autor, der das Schrifttum anderer Autoren nutzt, muss das fremde Schrifttum angeben. Dabei muss die verwendete Literatur nach bibliographischen Regeln zitiert werden. Nach Quellenangaben im Text oder in Fußnoten erfolgt in der Regel am Ende der Arbeit ein Literaturverzeichnis. In DIN 1505 sind hierzu einige Regeln angegeben[1].

- *Literaturverweise bzw. -hinweise im Text*

In den Natur- und Ingenieurwissenschaften ist es üblich Literaturverweise und Literaturhinweise mit fortlaufenden arabischen Zahlen in schrägen Strichen oder eckigen Klammern zu kennzeichnen.

Beispiel:

Die Untersuchungen von Mayer /1/ zeigen, dass die Temperatur über 100 °C ansteigen kann.

Auch in anderen Untersuchungen wurde ermittelt, dass die Temperatur mehr als 100 °C betragen kann [1].

Diese Art der Kennzeichnung ist kurz und lässt sich im zugehörigen Literaturverzeichnis schnell finden. Nachteilig ist, dass sie oft ohne den Namen eines Autors und die Zeit, in der die Schrift erschienen ist, eingefügt werden. Da die Nummerierung möglichst durchgängig erfolgen soll, ist es oft auch umständlich nachträglich neue Verweise einzufügen. Daher wird zunehmend auch direkt auf die Autoren und das Jahr, in dem die Schrift erschienen ist, im Text verwiesen. Wird der Name in einem Satz des Textes aufgeführt, wird das Jahr in Klammern zusätzlich angegeben.

Beispiel:

Die Untersuchungen von Mayer (1999) zeigen, dass die Temperatur über 100 °C ansteigen kann.

Im Bericht von Müller (2001, S. 103) wird ebenfalls angegeben, dass die Temperatur über 100 °C ansteigen kann.
Ist der Name kein Bestandteil eines Satzes, wird er in der Klammer aufgeführt. Sind von dem Autor bzw. der Autorin mehrere Werke aufgeführt,

---

[1] DIN 1505, Teil 1: Titelaufnahmen von Schrifttum; Teil 2: Titelangabe von Dokumenten – Zitierregeln; Teil 3: Titelangabe von Dokumenten - Verzeichnis zitierter Dokumente

die im gleichen Jahr erscheinen sind, so werden diese nach der Jahreszahl mit einem Großbuchstaben in alphabetischer Reihenfolge gekennzeichnet.

Beispiel:

Andere Untersuchungen (Mayer, 1999A) zeigen ebenfalls, dass die Temperatur über 100 °C ansteigen kann.

Bis zu zwei Verfasser können im Text genannt werden. Ab zwei Verfasser kann der Zusatz u. a. (und andere) bzw. der äquivalente lateinische Zusatz „et al." angefügt werden.

Beispiel:

Die Untersuchungen von Mayer und Müller (1999) zeigen auch, dass die Temperatur über 100 °C ansteigen kann.

Im Bericht von Mayer et. al. (1999, S. 103) wird ebenfalls aufgezeigt, dass die Temperatur mehr als 100 °C betragen kann.

- *Literaturverzeichnis*

Ein Verzeichnis der Literaturstellen ist am Ende des Manuskripts bzw. Berichtes anzufügen. In Büchern wird oft jedes Kapitel mit einem Literaturverzeichnis abgeschlossen. Das Literaturverzeichnis enthält die bibliographischen Daten der Literatur, auf die im Text verwiesen wird. Die Reihenfolge geschieht mit aufsteigender Nummer, wenn im Text die zugehörigen Nummern angegeben sind.

Beispiel:

/1/ H. Lyko: *Stand und Perspektiven der organophilen Nanofiltration.* Filtrieren und Separieren 27 (2013), Nr. 3, S. 141–146

/2/ K. Sutherland: *Filters and Filtration Handbook.* 5. Auflage, Elsevier, Amsterdam (2008)

Die Reihenfolge erfolgt alphabetisch entsprechend den Namen der erstgenannten Autoren, wenn mit diesen Namen im Text auf die Literatur verwiesen wird.

Beispiel:

/1/ Berndt, R. (2007): *Membranfiltration zur Trennung grobdisperser und kolloiddisperser Stoffsysteme.* Chem.-Ing.-Techn. 79, Nr. 11, S. 1809–1820

/2/ Sutherland, K. (2008): *Filters and Filtration Handbook.* 5. Auflage, Elsevier, Amsterdam

/3/ BASF SE (2011): *Geschäftsbericht.* Ludwigshafen, Eigenverlag

---

Vornamen können abgekürzt oder ausgeschrieben werden. In einem Manuskript ist eine einheitliche Version anzuwenden.

Wird auf ein Sammelwerk verwiesen, so ist der Autor bzw. die Autorin mit dem in Klammern gesetzten Zusatz „Hrsg." (Herausgeber) zu nennen. Wird auf einen Beitrag in einem Sammelwerk verwiesen, so sind der Autor des Beitrages und der Autor des Sammelwerkes mit dem Titel des Werkes aufzuführen.

Beispiel:

/1/ Beitz, W.; Grote, K.-H. (1997) (Hrsg.): *Dubbel - Taschenbuch für den Maschinenbau.* 19. Auflage, Springer, Berlin

/2/ Bohnet, M. (1997): *Grundlagen der Verfahrenstechnik.* Kapitel N in: Beitz, W.; Grote, K.-H. (Hrsg.): *Dubbel - Taschenbuch für den Maschinenbau.* 19. Auflage, Springer, Berlin, S. N1–N27

Bei einer alphabetischen Nummerierung und einem anonymen Werk kann ein Stichwort aus dem Titel anstelle des Namens des Verfassers angeführt werden, unter dem das Werk dann im Literaturverzeichnis aufgeführt wird.

Bei elektronischen Informationsquellen sollte die Art der Quelle (z. B. Online-Datenbank) oder die Internetadresse (z. B. www.bmj.de/DE/recht) angegeben werden. Da Inhalte laufend aktualisiert werden, sollte nach der Quelle auch das Datum der Einsichtnahme folgen (z. B. „Zugriff am 6. Oktober 2011" oder „Abruf am 6. Oktober 2011").

Bei Anträgen wird zwischen einem Publikations- und einem Literaturverzeichnis unterscheiden. Das Publikationsverzeichnis ist eine Liste mit Publikationen des Antragstellers bzw. der Antragstellenden, während das Literaturverzeichnis die Liste sämtlicher Quellen enthält, die im Antrag als Referenz aufgeführt wurden.

Seltener wird in natur- und ingenieurwissenschaftlichen Ausarbeitungen auf Literaturstellen in Fußnoten hingewiesen (siehe auch Abschnitt 4.17). Bei dieser sogenannten deutschen Zitierweise wird jeweils am Ende der Seite eine Fußnote mit den jeweiligen Angaben zur Literaturstelle eingefügt. Die Fußnoten werden mit fortlaufenden, hochgestellten arabischen Ziffern gekennzeichnet. Die jeweils hochgestellte Ziffer wird im Text hinter dem zugehörigen Bezugswort, Satzteil oder dem ganzen Satz eingefügt. Im letzten Fall steht die hochgestellte Ziffer nach dem Punkt. Diese Zitierweise hat den Vorteil, dass das Literaturzitat auf der gleichen Seite aufgeführt ist und, dass man es ohne zu blättern erfassen kann. Sie wird daher auch in dem vorliegenden Werk angewendet.

4.17 Fußnoten

Fußnoten sind auch geeignet um kurze Bemerkungen und Angaben aufzuführen, die notwendig sind, die jedoch den Lesefluss des Textes stören würden. Dabei kann es sich neben den Hinweisen zur Literatur z. B. auch um Bemerkungen des Autors handeln. Auf eine Fußnote wird hinter dem Wort bzw. dem Satz oder dem Satzteil, auf die sie sich bezieht, mit einer hochgestellten arabischen Ziffer hingewiesen. Die Fußnote selbst wird am Ende der Seite aufgeführt, wobei sie vom eigentlichen Text durch einen waagerechten Strich getrennt wird.

Fußnoten als Nebenbemerkungen sind auf ein Minimum zu beschränken. Es ist stets zu prüfen, ob eine solche Bemerkung nicht doch in den Text eingearbeitet werden kann.

4.18 Verzeichnis der Symbole und Abkürzungen

In einem Verzeichnis der Symbole und Abkürzungen, das oft wie ein nicht nummerierter Abschnitt aufgeführt wird, sollten die im Text und in den Gleichungen aufgeführten Symbole und Abkürzungen erklärt werden. Die Auflistung der Symbole sollte in tabellarischer Form in alphabetischer Reihenfolge geschehen. Dabei stehen lateinische Großbuchstaben jeweils gefolgt von den zugehörigen lateinischen Kleinbuchstaben (z. B. F, f, H, h_0 usw.). Buchstaben ohne Indizes stehen vor Buchstaben mit Indizes. Danach folgen griechische Buchstaben und Sonderzeichen. Auch die Symbole und Abkürzungen in Abbildungen und Diagrammen sollten dabei berücksichtigt werden. Das Verzeichnis kann am Anfang oder am Ende des Manuskriptes angeordnet werden.

4.19 Glossar

Einer umfangreichen Schrift kann ein Glossar angefügt werden, das die fachsprachliche Terminologie der behandelten Fachgebiete erklärt. Das Glossar enthält Begriffe und Fachausdrücke mit ihrer zum Text gehörenden Definition und Erläuterung. Es sorgt für den richtigen Gebrauch der Fachausdrücke und soll deren eindeutiges Verständnis sichern. Ein Glossar ist wie das Symbolverzeichnis in der Regel nicht mit einer Absatznummer zu versehen.

4.20 Danksagung

Unterstützungen durch Dritte, sei es z. B. inhaltlicher oder finanzieller Art, sollten in einer Danksagung am Ende anerkennend erwähnt werden. Organisationen zur Forschungsförderung legen oft auf eine solche Danksagung großen Wert.

4.21 Register (Sachverzeichnis, Index)

Umfangreiche mehrseitige Schriften, wie Bücher und umfangreiche Berichte, enthalten zweckmäßigerweise am Ende ein Register bzw. Sachverzeichnis. Der praktische Nutzen einer wissenschaftlichen Ausarbeitung oder eines Sachbuches wird dadurch wesentlich verbessert, da dadurch erst Definitionen, Begriffe und Zusammenhänge schnell nachgeschlagen werden können. Das Inhaltsverzeichnis reicht bei umfangreichen Werken dazu oft nicht aus. Ein Register ist ein zusätzlicher Wegweiser zu Textpassagen. Beim Erstellen des Registers muss man sich in die Lage eines Nutzers versetzen, der aufgrund der Stichworte nach Zusammenhängen und Beschreibungen sucht. Entsprechend sind die Stichworte eines Registers zu wählen. Das Register ist ein alphabetisches Verzeichnis von Stichworten zu Schlüsselbegriffen und Namen mit dem Verweis auf Seitenzahlen in denen sie behandelt und ggf. auch beschrieben werden. Wird ein Zusammenhang zu einem Stichwort auf zwei Seiten behandelt, so wird die erste Seite mit einem f. als Abkürzung für „und folgende Seite" ergänzt, z. B. „233f.". Folgen mehrere Seiten so wird „ff." als Hinweis angefügt, z. B. „244ff.". Es kann auch sinnvoll sein ein Register mit Namen (Namensregister) und eines mit Sachbegriffen zu erstellen. In der Gliederung wird das Register bzw. der Index nicht mit einer Nummer versehen.

4.22 Anhänge

Anhänge sind Ergänzungen einer Abhandlung, die in der Regel jedoch für das eigentliche Verständnis der Inhalte nicht erforderlich sind. Sie können, müssen jedoch nicht, vorhanden sein. Bei ihnen handelt es sich in der Regel um sinnvolle Ergänzungen, welche jedoch auch das Verständnis fördern können. Es kann sich bei ihnen z. B. um Beschreibungen zu Messgeräten, amtliche Texte, Zeichnungen, Datentabellen, Auswertungen oder Arbeitsanweisungen handeln. Oft sind sie auch zu umfangreich, um in den Hauptteil aufgenommen zu werden.

Jeder Anhang beginnt mit einer neuen Seite und ist als solcher auf der ersten Seite zu kennzeichnen. Zusätzlich zu einer Nummer oder einen Großbuchstaben in alphabetischer Reihenfolge wird jeder Anhang mit einer

Bezeichnung versehen (z. B: „Anhang A: Messvorschrift zur Staubmessung"). Ist nur ein Anhang vorhanden, so kann die Kennzeichnung mit „A" entfallen.

4.23 Manuskripteinreichung

Es empfiehlt sich ein druckfertiges Manuskript in Form einer schreibgeschützten elektronischen Datei abzuspeichern. Hierzu eignen sich das „Portable-Document-Format (PDF)" oder das PostScript-Format (PS-Format). Beide wurden von dem Unternehmen Adobe Systems entwickelt mit dem Ziel, ein Dateiformat für elektronische Dokumente zu schaffen, das diese unabhängig vom der Soft- und Hardware originalgetreu erfasst und weiter- bzw. wiedergeben kann. Durch diese Programme wird die im Textverarbeitungsprogramm festgelegte Form in eine nicht veränderbare Datei überführt, so dass beim Einlesen in andere Systeme keine Änderungen der Formatierung vorgenommen werden. Eine Nachbearbeitung des Dokumentes ist jedoch nach der Umwandlung nur noch schwer durchführbar.

Auch wenn ein druckfertiges Manuskript nicht verlangt wird, ist oft erwünscht, dass das Manuskript, ggf. auch zusätzlich, in einer solchen schreibgeschützten Datei eingereicht wird. Verlage verlangen nur noch in wenigen Fällen die Einreichung eines Manuskripts in Papierform.

Studien-, Bachelor-, Master- und Diplomarbeiten sowie Dissertationen werden in gebundener Form eingereicht. Dabei sind die jeweiligen Anforderungen der Lehrstühle bzw. Fakultäten zu beachten. In der Regel sind Ringheftungen nicht erwünscht bzw. nicht zulässig.

5 Die Rolle der Fachzeitschriften

5.1 Bedeutung von Fachzeitschriften in der Wissenschaft und Technik

Fachzeitschriften sind regelmäßig erscheinende Druckschriften, die sich überwiegend mit einem klar eingegrenzten Fachgebiet befassen und an professionell interessierte Leser wenden. Sie verfolgen das Ziel, wissenschaftliche, technische und wirtschaftliche Erkenntnisse auf dem jeweiligen Fachgebiet zu publizieren und dienen damit der beruflichen und fachlichen Information und der Weiterbildung. Fachzeitschriften erscheinen periodisch und informieren im Unterschied zu den Fachbüchern zeitnah, d. h. aktuell, jedoch in den jeweiligen Beiträgen weniger umfassend. Mit Übersichtsbeiträgen und Themenreihen können auch größere Themenkomplexe in ihnen abgehandelt werden.

Mit der Veröffentlichung eines Textes in einer Fachzeitschrift werden Informationen verbreitet, gespeichert und zu jeder Zeit wieder abrufbar. Die veröffentlichten Arbeitsergebnisse können eindeutig dem Autor bzw. den Autoren zugewiesen werden, was mit Anerkennung oder sonstigen Vorteilen verbunden sein kann. In der Wissenschaft werden publizierte Ergebnisse in Fachzeitschriften als Leistungsnachweis gewertet. Der Nachweis von Publikationen ist heute z. B. eine entscheidende Voraussetzung für die Einstellung auf bestimmte wissenschaftliche Arbeitsplätze oder die Vergabe von Forschungsprojekten („publish or perish"). Außerdem kann ein Autor mit der Veröffentlichung eigener Ergebnisse und Erkenntnisse sich den Anspruch auf das geistige Eigentum an ihnen sichern.

Die Summe der in Fachzeitschriften veröffentlichten Beiträge dokumentiert das Wissen einzelner Fachgebiete, auf das jeder zurückgreifen kann. Fachzeitschriften vermitteln damit Fachwissen und stellen in gesammelter Form einen Wissensspeicher dar. Dieses Wissen steht damit der Allgemeinheit für weitere Untersuchungen zur Verfügung und ist auch die Basis für Innovationen, d. h. Neuerungen in Form technischer Produkte,

Produktionsprozesse oder sonstiger Abläufe. Die Veröffentlichung von Ergebnissen sowie der Austausch und die Weitergabe von Erkenntnissen sind eine Grundvoraussetzung für den wissenschaftlichen und technischen Fortschritt, denn jede Erkenntnis und Erfindung baut auf anderen, die zuvor gewonnen wurden, auf. Es ist daher wichtig und notwendig, dass neueste Ergebnisse, Erkenntnisse und Erfindungen „veröffentlicht" und damit der Fachwelt mitgeteilt werden.

Dies hat auch der Gesetzgeber erkannt und daher das technische Schutzrecht in Form des Patentes eingeführt. Der Gesetzgeber gewährt damit dem, der seine Erfindung in Form einer Patentschrift veröffentlicht, ein Schutzrecht, das die Nutzung dieser Erfindung betrifft. Wer für einen bestimmten Sachverhalt an einem Patent nicht interessiert ist, kann mit einer gezielten Veröffentlichung der Ideen bzw. Erkenntnisse diese der Allgemeinheit zur Verfügung stellen und damit auch verhindern, dass ein anderer dafür einen Patentschutz erhält.

Über neue Erkenntnisse kann in Form eines Vortrages auf einem Fachkongress und in Form eines Beitrags in einer Fachzeitschrift berichtet werden. In den Naturwissenschaften und der Technik ist es heute üblich, die flüchtigen Worte des Vortrages gleichzeitig durch dargestellte und erläuterte Abbildungen, Diagramme, Gleichungen und Tabellen zu ergänzen. Damit die dargebotenen Zusammenhänge erfasst und zu jeder Zeit wieder abrufbar sind, wird bei Kongressen mit wissenschaftlich-technischem Inhalt das „gesprochene Wort" ergänzt durch das „geschriebene Wort", d. h. die wichtigsten Inhalte der Vorträge werden den Kongressteilnehmern auch als sogenannte Preprints (Vorveröffentlichungen) zur Verfügung gestellt. Anschließend werden die Beiträge in der Regel ausführlich in Fachzeitschriften publiziert.

Das Ausarbeiten von Vorträgen und das Schreiben von Veröffentlichungen bilden in der Wissenschaft und Technik eine wesentliche Basis der Kommunikation. Nur wer seine Arbeiten und Ergebnisse veröffentlicht, leistet einen Beitrag zur Weiterentwicklung der Fachgebiete. Das Abfassen von Veröffentlichungen gehört deshalb zu den Aufgaben eines jeden Wissenschaftlers und Ingenieurs.

Im Bereich der Wirtschaft und der Industrie gibt es aufgrund des Wettbewerbs und der Konkurrenz auch gute Gründe viele Ergebnisse nicht zu veröffentlichen. So sind z. B. Rezepturen, auf deren Basis bekannte Produkte hergestellt werden, seit Jahrzehnten geheim. Dennoch besteht von Seiten des Herstellers das Interesse, über die positiven Seiten der Produkte zu berichten. Es ist die Aufgabe der Redaktion einer Fachzeitschrift in einem solchen Fall die Interessen der Leser zu vertreten und darauf zu achten, dass der Informationsgehalt des Manuskriptes oder der Pressemeldung, auch ohne die Preisgabe aller Produktdaten und Details ihrer Herstellung, eine Veröffentlichung im redaktionellen Teil der Zeitschrift rechtfertigt.

Fachbücher werden als Lehrbuch oder Monografie abgefasst. Aufgrund des langen Zeitraums ihrer Ausarbeitung und Herstellung sind sie weniger als Mittel zur Publikation von aktuell ermittelten Ergebnissen auf einem Fachgebiet geeignet. Sie fassen meist das Wissen auf einem bestimmten Gebiet zusammen, strukturieren es und geben damit einen guten Überblick über ein Fachgebiet. Ihre Inhalte basieren jedoch überwiegend auf Erkenntnissen, die zuvor in Fachzeitschriften veröffentlicht wurden.

Eine Studie der Deutschen Forschungsgemeinschaft (DFG)[1] hat unterschiedliche Kulturen des wissenschaftlichen Kommunizierens von Naturwissenschaftlern und Ingenieuren ermittelt. Demnach werden in den Ingenieurwissenschaften neueste fachliche Entwicklungen hauptsächlich durch Fachbeiträge in Zeitschriften und durch Tagungsbände (Preprints) veröffentlicht. Bei den Ingenieurwissenschaften steht hauptsächlich die Entwicklung von Maschinen, Anlagen und sonstigen Produkten im Vordergrund. Die Forschung und Entwicklung wird in enger Verbindung der Wissenschaft mit den im Markt handelnden Unternehmen vorangetrieben. Daher wird der gesamte Bereich nicht nur durch die wissenschaftlich und international ausgerichteten Fachzeitschriften abgebildet. Praxisnahe Berichte über ausgeführte Anlagen und Betriebsergebnisse sind dort ohne die Preisgabe von Details, deren Veröffentlichung nicht im Interesse der Unternehmen ist, nur schwer zu platzieren. Die Geheimhaltung des „Know-hows" und wesentlicher Betriebsergebnisse sind oft für die Unternehmen von großer Bedeutung. Daher hat sich in den Ingenieurwissenschaften eine Reihe von Fachzeitschriften etabliert, die das ganze Spektrum auf einem Fachgebiet

---

[1] Publikationsstrategien im Wandel: Ergebnisse einer Untersuchung zum Publikationsverhalten DFG-geförderter Wissenschaftler unter besonderer Berücksichtigung von Open Access. www.dfg.de/lis/ und DFG Infobrief 1/2005

von der Forschung über die technischen Entwicklung bis zum Produkt bzw. seiner Anwendung in der Praxis abdecken. Gleichzeitig erkennen sie, bis zu einem bestimmten Grad, das Interesse der Unternehmen an, für sie wichtige Informationen nicht zu publizieren. Diese Zeitschriften berichten auch über das Marktgeschehen und die handelnden Unternehmen. Sie bieten damit auch ein Forum für den Austausch von wissenschaftlichen Erkenntnissen, Ideen und Arbeitsergebnissen und sind ein Bindeglied zwischen Wissenschaft, industriellen Anbietern und Anwendern. Die Verlage dieser Zeitschriften bieten damit eine wertvolle Dienstleistung an.

Für jeden Wissenschaftler und Ingenieur wird in der Zukunft nicht die Menge an Informationen entscheidend sein, sondern ihre Qualität, d. h. ihre Darstellung und Einordnung, ihre Aktualität und ihre Relevanz für das jeweilige Fachgebiet. Die Redaktionen der Fachzeitschriften versorgen mit den vielen Autoren eine bestimmte Zielgruppe mit aktuellen, bewerteten und aufbereiteten Informationen. Eine wesentliche Aufgabe der Redaktion besteht auch darin, die publizierte Information am Nutzen für die Leser auszurichten. Auf diese Weise erfüllt sie auch die Aufgabe, die Qualität der Zeitschrift zu sichern. Sie verschafft sich dadurch auch die Glaubwürdigkeit, ohne die ein langfristiger Bestand einer Zeitschrift nicht möglich ist. Dabei muss auch berücksichtigt werden, dass die Verlage der Zeitschriften überwiegend private Wirtschaftsunternehmen sind. Als solche sind sie nur erfolgreich, wenn ihr Produkt nachgefragt und mit ihm ein ausreichender Erlös erzielt wird.

In Zeiten, in denen sich das Medium Internet immer schneller entwickelt, hat man den Eindruck hat, dass Informationen leicht verfügbar sind. Dabei kommt auch die Frage auf, ob Fachzeitschriften noch notwendig sind und ob es die Mühe lohnt, noch Artikel abzufassen, die in Fachzeitschriften erscheinen sollen. Im Folgenden werden Argumente dafür aufgeführt. Es werden dabei die Rolle der Fachzeitschriften bei der Entwicklung der Natur- und Ingenieurwissenschaft beschrieben, die Zielsetzung der redaktionellen Arbeit behandelt und Hinweise für einen optimalen Umgang mit dem Medium Fachzeitschrift gegeben. Außerdem werden Chancen erläutert, die mit der Nutzung dieses Mediums verbunden sind.

5.2 Historische Entwicklung

- *Die Anfänge*

Die Ursprünge der Fachzeitschriften finden sich in der Gelehrtenkorrespondenz. Im 17. Jahrhundert wurde innerhalb der Wissenschaft der private Briefwechsel durch Rundum-Briefe ergänzt. Diese Form wurde gefördert durch die sich bildenden Gelehrtengesellschaften. Eine der ersten in Deutschland war die 1652 in Schweinfurt von Ärzten gegründete „Academia Naturae Curiosorum", die 1677 von Kaiser Leopold I bestätigt und 1687 per Dekret mit Privilegien ausgestattet wurde[1]. Sie wurde danach kurz als „Leopoldina" bezeichnet. Seit 1878 hat die Akademie ihren Sitz in Halle.

In London wurde 1660 die Royal Society gegründet und in Paris versammelte sich 1666 erstmals in der Bibliothek des französischen Königs die „Académie des Sciences" zu einer Sitzung. Auch in vielen anderen größeren und kleineren Städten bildeten sich im Laufe der Jahre wissenschaftliche Gesellschaften, die teilweise aus privaten Zirkeln hervorgingen. Sie hatten alle die Vertiefung naturwissenschaftlicher Erkenntnisse und eine Verbesserung der Kommunikation zwischen den Forschern untereinander und den sich herausbildenden wissenschaftlich interessierten Kreisen zum Ziel. Die Mitglieder trafen sich zu Vorträgen, Experimenten und Diskussionen. Es wurden Niederschriften angefertigt und in Form von Rundum-Briefen verteilt, so dass auch Mitglieder, die nicht an einem Treffen teilnehmen konnten, informiert wurden. In Briefen wurden Experimente beschrieben und wichtige Ergebnisse dargestellt. Diese Briefe sorgten für eine schnelle Verbreitung der Erkenntnisse und die Bildung eines Korrespondenznetzwerkes, in dem viele Bürger eingebunden wurden. Diese schriftliche Form der Dokumentation und Verbreitung von Wissen entwickelte sich zu einem Merkmal der Naturwissenschaften. Die Rundum-Briefe wurden zu einer Übergangsform hin zu den Fachzeitschriften. Oftmals wurden Inhalte daraus auch in den damals sich entwickelnden Fachzeitschriften veröffentlicht.

Als erste Fachzeitschriften gelten das 1665 in Paris erscheinende „Journal des Sçavants" und die ebenfalls im Jahre 1665 in London erscheinende „Philosophical Transactions of the Royal Society". Auf Initiative von Sachs

---

[1] Siehe hierzu: www.leopoldina.org

von Lewenhaimb, Arzt in Breslau, wurde 1670 im Zusammenhang mit der Erarbeitung einer Enzyklopädie der Heilkunde durch die Mitglieder oben genannten Akademie „Leopoldina" die Zeitschrift „Miscellanea Curiosa Medico-physica Academiae Naturae Curiosorum" gegründet. Sie erscheint unter mehrfachem Titelwechsel heute als „Nova Acta Leopoldina" und zählt damit zu den ältesten durchgängig erscheinenden Fachzeitschriften in Deutschland.

1682 erschien in Leipzig die „Acta Eruditorum" (lat. Berichte). Sie wird oft als die erste wissenschaftliche Zeitschrift Deutschlands aufgeführt[1]. Ihr erster Herausgeber war Otto Mencke, Professor für Moral und Politik an der Philosophischen Fakultät der Universität Leipzig. Mit ihrem Erscheinen sollten die Ergebnisse deutscher Gelehrter auch international verbreitet werden. In ihnen hat Gottfried Wilhelm Leibniz 1684 seine Beschreibung der Differential- und Integralrechnung veröffentlicht. Etwa zur gleichen Zeit untersuchte Isaac Newton Kurven, die im Zusammenhang mit einer stetigen Bewegung entstehen. Aus dem in einem kleinen Zeitintervall zurückgelegten Weg hat er die zugehörige Geschwindigkeit der Bewegung und damit die Ableitung des Weges nach der Zeit ermittelt. 1687 veröffentlichte er seine Betrachtungen in den bekannten „Principia"[2]. Gottfried Wilhelm Leibniz würde heute als Erfinder der Infinitesimalrechnung gelten, da er seine Ergebnisse als erster veröffentlichte. Newton hat jedoch seine Ergebnisse vor seiner Veröffentlichung bereits mündlich und per Briefwechsel ausgetauscht. Daher wurde Leibniz von Anhängern Newtons beschuldigt, die Ideen zur Infinitesimalrechnung von Newton aus einem Briefwechsel gestohlen zu haben. Dies führte zu einer Plagiatsklage, die 1712 von einer Kommission der Royal Society of London untersucht wurde. Zu dieser Zeit war Isaac Newton selbst Präsident dieser Organisation. Die Kommission, von Newton beeinflusst, sprach Leibniz schuldig. Dieser Prioritätsstreit belastete über lange Zeit das Verhältnis zwischen englischen und kontinentalen Mathematikern.

---

[1] Siehe: Interdisziplinäres Zentrum für Wissenschafts- und Technikforschung (IZWT); Repertorium deutscher wissenschaftlicher Periodika des 18. Jahrhunderts; http://www.izwtalt.uni-wuppertal.de/repertorium/MS/Main.html

[2] „Philosophiae naturalis principia mathematica" (deutsch: Die mathematischen Prinzipien der Naturphilosophie)

Diese Vorkommnisse belegen jedoch auch, welche Bedeutung man Veröffentlichungen bereits in den Anfängen der Fachzeitschriften beigemessen hat. Vor dem Hintergrund der damaligen Verhältnisse kann man heute feststellen, dass Leibniz und Newton die Infinitesimalrechnung unabhängig voneinander entwickelten, dass sich jedoch die von Leibniz eingeführte Notation von Differentialen, Differentialquotienten und Integralen durchgesetzt hat.

Als erste Fachzeitschrift in deutscher Sprache gelten die 1688 in Halle erschienenen „Monatsgespräche". Herausgeber war Christian Thomasius, der in Leipzig Physik, Mathematik, Geschichte und Philosophie studierte, und später an der Universität Halle wirkte, und dort mit seinen Vorlesungen die juristische Fakultät begründete. Als Aufklärer und Revolutionär bot er als einer der ersten Vorlesungen in deutscher Sprache an. 1696 erschien in Berlin das „Nouveau Journal des Sçavants" und 1710 „Miscellanea Berolinensia", ein wissenschaftliches Periodikum der Berliner Akademie[1]. Das Themenspektrum dieser Zeitschriften war sehr breit, wobei den Naturwissenschaften ein großer Raum eingeräumt wurde.

Mit den Zeitschriften wurden auch die Diskussionen innerhalb der Wissenschaften und den wissenschaftlichen Gesellschaften in die Öffentlichkeit verlagert. Mit den wissenschaftlichen Gesellschaften und Vereinigungen entstanden neue Organisationsformen, deren Zusammenhalt durch die Herausgabe von Zeitschriften gefestigt wurde. Es bildeten sich auch sog. Lesegesellschaften, deren Zweck u. a. auch darin bestand, praktisch tätigen gebildeten Berufsständen, wie z. B. Apotheker und Mediziner, die Fortschritte der Naturwissenschaften zu vermitteln. Durch Umlauf und Austausch der in wachsender Zahl erscheinenden Fachzeitschriften konnten die Kosten für den einzelnen verringert werden und eine kontinuierliche Fortbildung gepflegt werden. Hinzu kamen Vorträge, die von verschiedenen Gelehrten gehalten wurden, wie sie z. B. auch in der von Goethe 1791 in Weimar initiierten „Freitagsgesellschaft" gehalten wurden. Bereits 1775 wurde in Elberfeld (heute ein Stadtteil von Wuppertal) die „Elberfelder

---

[1] R. Zott: Der Brief und das Blatt. Die Entstehung wissenschaftlicher Zeitschriften aus der Gelehrtenkorrespondenz. In: H. Parthey, W. Umstätter (Hrsg.): Wissenschaftliche Zeitschrift und digitale Bibliothek, Berlin 2003 (= Wissenschaftsforschung Jahrbuch (2002) S. 47-59

Lesegesellschaft" gegründet, deren Gründung aufgrund eines Treffens aufgeklärter Bürger mit Goethe in Elberfeld angeregt wurde.

Als erste Fachzeitschrift der Chemie wird häufig das 1778 erschienene „Chemische Journal für die Freunde der Naturlehre, Arzneygelahrtheit, Haushaltungskunst und Manufacturen" genannt. 1780 hatte der in der Weimarer Hof-Apotheke tätige Gehilfe Johann Friedrich August Göttling seinen „Almanach oder Taschenbuch für Scheidekünstler und Apotheker" herausgebracht, ein Periodikum, das ab 1803 unter wechselnden Redaktoren bis 1829 erschien. 1793 erschien das von Johann Bartholomäus Trommsdorf gegründete „Journal der Pharmacie für Aerzte und Apotheker", das 1817 in „Neues Journal der Pharmacie..." umbenannt und bis 1834 von ihm selbständig publiziert wurde. Das älteste chemische Journal, das heute noch erscheint, sind die "Annales de Chimie", die erstmals 1789 in Paris herauskamen. Von 1790 bis 1794 erschien das „Journal der Physik", dem 1795 bis 1797 das „Neue Journal der Physik" folgte, das schließlich ab 1799 unter dem Titel „Annalen der Physik" bis heute fortgesetzt wird.

- *Anfänge des Urheberrechts*

Als die Verleger dazu übergingen, den Autoren Honorare zu zahlen, leiteten sie daraus ab, dass den Verlegern damit ein ausschließliches gewerbliches Schutzrecht zustehen würde. Der Nachdruck wurde daher verboten, wenn der Verleger die Rechte erworben hatte. Erstmals wurde im 18. Jahrhundert über eigentumsähnliche Rechte an geistigen Leistungen und das Phänomen des immateriellen Besitzes theoretisiert. 1710 wurde in England mit dem so genannten „Statute of Anne" ein ausschließliches Vervielfältigungsrecht der Autoren anerkannt. Sie konnten das jedoch auch an die Verleger abtreten. Nach Ablauf einer vereinbarten Zeit fielen alle Rechte wieder an den Autor zurück. Das Werk musste im Register der Buchhändlergilde eingetragen und mit einem Copyright-Vermerk versehen sein, damit es geschützt war. Auch Frankreich führte in zwei Gesetzen von 1791 und 1793 ein „Propriété littéraire et artistique" ein. In Preußen kam es im Jahr 1837 zu einem entsprechenden Schutz. Die Bundesversammlung des Deutschen Bundes beschloss ebenfalls 1837 eine zehnjährige Schutzfrist seit Erscheinen des Werkes, die 1845 auf 30 Jahre nach dem Tode des Urhebers verlängert wurde. 1870 wurde im Norddeutschen Bund ein allgemeiner Urheberrechtsschutz eingeführt, den das Deutsche Reich 1871 übernahm und später weiter ausbaute.

* *Das Zeitalter der Industrialisierung*

Bis zur Aufhebung der Zünfte Ende des 18. Jahrhunderts wurden technische Prozesse und Technologien hauptsächlich durch das Handwerk vermittelt und überliefert, wie z. B. die Methoden der Metallverarbeitung, der Papierherstellung, der Lebensmittelverarbeitung und der Textiltechnik. Im 19. Jahrhundert wurden durch die aufkommenden Fabriken industrielle Produktionsmethoden mehr und mehr genutzt. Mitte des 19. Jahrhunderts setzte mit dem Aufschwung der Eisen- und Stahlindustrie eine Zunahme des Energiebedarfs ein, der durch den Ausbau des Steinkohlebergbaus gedeckt wurde. Bei der Verkokung der Kohle fielen Gas und Steinkohlenteer in großen Mengen als Nebenprodukte an, die anfangs von der Leuchtgas- und Teerfarbenindustrie quasi als Abfallverwerter genutzt wurden. Die industrielle Herstellung der Teerfarben (Anilinfarben) hatte die Anfänge der chemischen Industrie in Deutschland zur Folge.

Mit dieser Industrialisierung ging einher, dass sich die Ansprüche, die an Gesellen und Meister gestellt wurden, wandelten. Es entstanden Gewerbe- und Maschinenbauschulen sowie „polytechnische Lehranstalten" bzw. Polytechnika. Ein Modell für diese war die 1794 in Paris gegründete École Polytechnique, welche als „Tochter der Revolution" in Frankreich hervorging[1]. „Polytechnische Bildungsanstalten" sollten die naturwissenschaftlichen und technischen Erkenntnisse, ohne die an den Universitäten noch damals übliche theologische Bevormundung, praxisnah vermitteln. Ihre Absolventen förderten die Anwendung und Nutzung dieser Erkenntnisse und schufen eine verbesserte Basis zur weiteren Ausweitung (industrielle Revolution). Die enge Verbindung zur Praxis hatte auch zur Folge, dass die Ausbildung ständig an die Bedürfnisse der Industrie angepasst wurde. Aus diesen Schulen gingen in Deutschland die Technischen Hochschulen bzw. Technischen Universitäten hervor. Mit der Entwicklung dieser Hochschulen etablierten sich auch das Gebiet der Ingenieurwissenschaften und der Berufsstand des Ingenieurs.

1820 wurde von dem in Zweibrücken geborenen und hauptsächlich in Augsburg als Fabrikant und Chemiker wirkenden Johann Gottfried Dingler das „Polytechnische Journal" begründet. Sie gilt als die erste technisch-

---

[1] I. Mieck: Ingenieurausbildung in Deutschland und Frankreich. Francia Bd. 33 (2006), S.1-27

wissenschaftliche Zeitschrift. Entsprechend Dinglers[1] Vorwort in der ersten Ausgabe sollten die Themen der Zeitschrift „die allgemeine Naturgeschichte, die Naturwissenschaft, die Chemie, die Mineralogie, die Pflanzenkunde, die Land- und Hauswirthschaft, die Maschinenlehre, und Gewerbskunde, die Handels- und Warenkunde" umfassen. In der Zeitschrift wurden auch Patentschriften und technische Innovationen behandelt. Im Laufe der Zeit wurden auch mit der Industrialisierung verbundene gesellschaftspolitische Fragen diskutiert. Sie erschien über 111 Jahre und wurde als einzigartiges Archiv der Technik-, Wissens- und Kulturgeschichte im Rahmen eines von der Deutschen Forschungsgemeinschaft (DFG) geförderten Projektes digitalisiert, so dass die Ausgaben heute frei im Internet verfügbar sind[2].

1846 gilt als Gründungsjahr des Vereins und der Studentenverbindung „Hütte", die sich bis zu ihrer Umbenennung 1847 noch „Verein der Zöglinge des Königlich Preußischen Gewerbeinstituts", dem Vorgänger der TU Berlin, nannte. Seit 1857 tritt die Hütte als Herausgeber technisch-wissenschaftlicher Handbücher auf, insbesondere des Taschenbuches „Hütte - Das Ingenieurwissen" (ca. 1950 Seiten, 33. Auflage, 2008).

In London wurde 1856 die Zeitschrift „The Engineer" gegründet, die noch heute erscheint. In ihr werden neueste Entwicklungen und Handelsnachrichten zur Technik und Technologie behandelt. Im selben Jahr gründeten Mitglieder der Studentenverbindung „Hütte" in Alexisbad den Verein Deutscher Ingenieure (VDI), der auch bis heute eine Verbandszeitschrift herausgibt. 1858 erschien die erste Ausgabe der VDI-Zeitschrift (VDI-Z), die heute im Springer VDI Verlag erscheint.

1892 wurde die Zeitschrift „Der Mechaniker" gegründet mit dem Ziel, die Entwicklungen der Mechanik, Optik, Elektrotechnik und verwandter Gebiete zu fördern. Sie hat mehrmals ihre Bezeichnung geändert und erscheint heute unter dem Titel „Mechatronik" bei der I.G.T. Informationsgesellschaft Technik mbH in München.

Mit der Entwicklung der Naturwissenschaften und der Technik stieg auch die Zahl der wissenschaftlichen Zeitschriftentitel an, „von unter 10 (zu Beginn des 18. Jahrhunderts) bzw. etwa 100 (zu Beginn des 19. Jahrhunderts) auf

---

[1] J. G. Dingler: Polytechnisches Journal, Bd. 1, 1820
[2] www.polytechnischesjournal.de

über 10.000 zu Beginn des 20. Jahrhunderts[1]. Sie waren teils kurz-, teils langlebig und wurden teilweise fusioniert oder teilten sich infolge der zunehmenden Spezialisierung in verschiedene Themengebiete auf. In der zweiten Hälfte des 19. Jahrhunderts, verbunden mit der Gründung immer neuer Fachgesellschaften und der Etablierung der wissenschaftlichen Berufe, etablierten sich auch die Fachzeitschriften. Mit der Publikation von Forschungsergebnissen in den Fachzeitschriften und Büchern und mit dem Rezensionswesen wurden die Fachzeitschriften zu einem Indikator für den Fortschritt und beschleunigten die damit verbundenen Entwicklungen.

Man erkannte, dass das Veröffentlichen von technischen Sachverhalten Anregungen für neue Ideen gibt und wie ein Katalysator die technische Weiterentwicklung fördert. In diesem Zusammenhang wurde neben der Urheberschaft für eine Veröffentlichung auch das Technische Schutzrecht in Form des Patentes eingeführt. Mit dem Patentgesetz des deutschen Reiches aus dem Jahre 1877 gewährte der Gesetzgeber in Deutschland erstmals dem Erfinder, der seine Erfindung in Form einer Patentschrift veröffentlichte, ein Schutzrecht, das die Nutzung dieser Erfindung betraf. Nach dem Prinzip „Leistung und Gegenleistung" kann ein erteiltes Patent praktisch als Lohn für die vorausgegangene Veröffentlichung der Erfindung betrachtet werden. Die Schutzerteilung in Form eines Patentes ist mit der Beschreibung und Veröffentlichung der Erfindung verbunden. Auf diese Weise entstand die heute sehr umfangreiche Patentliteratur, die der Allgemeinheit frei zugänglich ist, mit den zugehörigen Registern und Publikationsorganen.

- *Weiterentwicklung des Urheberrechts*

1952 wurde in Genf das Welturheberrechtabkommen beschlossen, mit dem weltweite Mindeststandards für das Urheberrecht geschaffen und gleichzeitig die Verbreitung der Werke erleichtert werden sollten. Die unterzeichnenden Staaten verpflichteten sich, ihre eigenen Gesetzesgrundlagen entsprechend anzupassen.

1965 trat in Deutschland das Gesetz über Urheberrecht und verwandte Schutzrechte (Urheberrechtsgesetz – UrhG) in Kraft. Aufgrund weiterer internationaler Vereinbarungen und der in der Europäischen Union in den

---

[1] M. Grötschel, J. Lügger: Wissenschaftliche Kommunikation am Scheideweg -Bibliotheken im Zeitalter globaler elektronischer Netze. Zeitschrift für Bibliothekswesen und Bibliographie (ZfBB) 42 (1995) 3, 5. 287-312

Nationalstaaten umzusetzenden EG-Urheberrechtsrichtlinie von 2001 waren Ergänzungen notwendig (man spricht in diesem Zusammenhang auch vom ersten und zweiten „Korb" der Urheberrechtsreform). Eine erste Novellierung hat 2003 stattgefunden. Zurzeit gilt das im Jahre 2007 novellierte Urheberrecht[1]. Demnach besteht der Urheberrechtsschutz für Werke 70 Jahre nach dem Tod des Urhebers. Danach sind die Werke „gemeinfrei" und können beliebig reproduziert werden.

Auf Initiative und Förderung verschiedener Organisationen (u. a. auch der Deutschen Forschungsgemeinschaft) werden zunehmend „gemeinfreie" herausragende und für die Forschung überregional bedeutende kulturelle Bestände der Bibliotheken und Archive erschlossen, digitalisiert und per Internet bereitgestellt. Hierbei werden zunehmend auch historische Zeitschriften berücksichtigt.

- *21. Jahrhundert*

Die Zahl der insgesamt erscheinenden Titel an Fachzeitschriften wird zu Beginn des 21. Jahrhunderts auf ca. 150.000 geschätzt[2]. Die genaue Zahl ist nicht bekannt. Dieser gewaltige Zuwachs an Titeln ist auf die stetige Differenzierung, Verästelung und Fragmentierung der Wissenschaften in Teildisziplinen und den dadurch gestiegenen Bedarf nach spezialisierter Information zurückzuführen.

Die deutschen Fachzeitschriften und ihre Verlage sind heute in der Abteilung „Deutsche Fachpresse" des Börsenvereins des Deutschen Buchhandels (Frankfurt a. M.)[3] und dem Fachverband Fachpresse im Verband Deutscher Zeitschriftenverleger (VDZ) in Berlin organisiert[4]. 2012 waren in Deutschland laut den statistischen Daten der „Deutschen Fachpresse" 3.757 Titel von Fachzeitschriften erhältlich, die in einer Gesamtauflage von 476 Millionen Exemplaren erschienen. Damit gibt es in Deutschland eine breit gefächerte und hohe Titelzahl. Viele Titel sind auf eine fachbezogene Zielgruppe zugeschnitten und versorgen diese mit Spezialwissen und den aktuellen

---

[1] Siehe: www.gesetze-im-internet.de
[2] Ch. Woll: Wissenschaftliches Publizieren im digitalen Zeitalter und die Rolle der Bibliotheken. Reihe: Kölner Arbeitspapiere zur Bibliotheks- und Informationswissenschaft, Band 46 (2005)
[3] Siehe: www.boersenverein.de
[4] Siehe: www.deutsche-fachpresse.de

Fachinformationen. Außerdem bieten sie eine Plattform für den Austausch von Informationen und für die Anbahnung von Geschäftskontakten.

Der Umsatz der rund 400 Fachmedienverlage betrug 2012 in Deutschland ca. 3,1 Mrd. EUR, wovon ca. 1,8 Mrd. auf die Fachzeitschriften entfielen. Der Rest wurde mit Fachbüchern, Loseblattsammlungen und Dienstleitungen erzielt. Mit elektronischen Medien wurde ein Umsatz von 0,51 Mrd. EUR erwirtschaftet. Ihre Bedeutung wächst zunehmend, während die Umsatzzahlen der anderen Medienkategorien leicht rückläufig sind.

Es spricht für den Standort Deutschland, dass die Fachleute der einzelnen Branchen über die Firmengrenzen hinweg zusammenarbeiten und ihre Erfahrungen austauschen. Das geschieht neben den Aktivitäten in den Verbänden und Vereinen der verschiedenen Berufsgruppen auch in Form der Beiträge in den Fachzeitschriften. Über die Jahre hat sich gezeigt, dass es für alle, die sich an dem Erfahrungsaustausch und den Diskussionen beteiligen, von Vorteil ist. Mitarbeiter von Unternehmen und anderen Organisationen können auf diese Weise auch ihre Kompetenz auf einem bestimmten Gebiet unter Beweis stellen und auf sich aufmerksam machen. Anders als das Internet, in dem jeder Berichte und Beiträge veröffentlichen kann, hat eine Zeitschrift eine Redaktion, die der Wahrheit verpflichtet ist und darauf bedacht ist, dass der Leser sachgerecht informiert wird. Eine Redaktion vertritt die Interessen der Leser. Auf diese Weise werden Zeitschriften ihrer Aufgabe gerecht und sind bei der zunehmenden Informationsflut notwendiger denn je.

5.3 Entwicklungen der letzten Jahrzehnte

- *Unüberschaubare Zahl an Veröffentlichungen*

In Folge des weltweiten exponentiellen Wachstums der Forschung und Entwicklung ist auch die Zahl der Veröffentlichungen in den letzten Jahrzehnten gewachsen und hat ein unüberschaubares Ausmaß angenommen. In einer Studie[1] wurde die Zahl der qualitätsgesicherten Fachzeitschriften, in

---

[1] M. Ware, M. Mabe: The stm report. Nobember 2012. Erstellt im Auftrag der „International Association of Scientific, Technical and Medical Publishers" (siehe: www.stm-assoc.org)

denen wesentliche Forschungsergebnisse aus den Bereichen Naturwissenschaft, Technik und Medizin (engl.: Science, Technology, Medicine, daher kurz STM-Fachzeitschriften) weltweit für das Jahr 2012 mit 28100 angegeben. In ihnen sind in einem Jahr ca. 1,7 bis 1,8 Millionen Artikel erschienen. Über die letzten Jahrzehnte konnte man eine Zunahme von ca. 3,5 % pro Jahr beobachten. Dabei stellte man fest, dass diese Zunahme in etwa der Zunahme der mit Forschung befassten Personen und damit auch der Forschungsmittel entspricht.

In einer Denkschrift der Deutschen Forschungsgemeinschaft (DFG) zur Sicherung guter wissenschaftlicher Praxis[1] wurde 1998 festgestellt, dass „der Gebrauch der Publikationen als Erfolgskriterium im Wettbewerb der Wissenschaftler um Karrierechancen, Forschungsmittel etc. seinerseits zu einer Vermehrung der Veröffentlichungen geführt" hat. Außerdem wurde festgestellt, dass die Zahl der Veröffentlichungen, an denen mehrere Autoren beteiligt sind, rapide zugenommen hat. Durch die zunehmende Anwendung bibliometrischer Analysen und Kennzahlen zur Erfassung und Beschreibung der wissenschaftlichen Leistung bzw. „Produktivität" einzelner Personen oder Arbeitsgruppen wurde diese Entwicklung noch gefördert.

- *Bibliometrie und bibliometrische Analysen.*

Die Bibliometrie beinhaltet die Auswertung bibliometrischer Daten mit statistischen Methoden. Bibliometrische Daten sind z. B. die Gesamtzahl der Publikationen eines Autors, die Zahl der Publikationen eines Autors oder einer Arbeitsgruppe in einem bestimmten Zeitraum oder in einer bestimmten Fachzeitschrift und die Zahl der Zitate ihres Beitrages in anderen Publikationen. Im Rahmen bibliometrischer Analysen werden solche Daten ausgewertet und in Form von weiteren Kennzahlen oder Trendanalysen zusammengefasst. Eine solche Kennzahl ist z. B. der „Impact"-Faktor einer Fachzeitschrift, der aus der Zahl der Zitate in anderen Fachzeitschriften und der Gesamtzahl der veröffentlichten Artikel in den Zeitschriften gebildet wird. Die Aussagekraft dieser Kennzahlen und Analysen ist umstritten, dennoch werden sie zunehmend ermittelt bzw. durchgeführt.

---

[1] Vorschläge zur Sicherung guter wissenschaftlicher Praxis: Empfehlungen der Kommission „Selbstkontrolle in der Wissenschaft"; Denkschrift; Deutsche Forschungsgemeinschaft; Wiley-VCH, Weinheim (1998), ISBN 3-527-27212-7, S. 30

Bei der Nutzung der Daten, z. B. im Rahmen einer Forschungsevaluation, muss man die Methode, die bei ihrer Ermittlung zugrunde gelegt wird, genau beachten. So werden z. B. oft alle Publikationen, an denen ein Autor beteiligt ist, gezählt. Dadurch wird der Leiter einer Arbeitsgruppe, der in der Regel an allen Publikationen der Arbeitsgruppe beteiligt ist und in der Regel als letzter Autor aufgeführt wird, bevorzugt. Wird nur der erstgenannte Autor bei der Analyse berücksichtigt, wird er dagegen benachteiligt.

Es muss auch berücksichtigt werden, dass Übersichtsbeiträge öfter zitiert werden als Artikel mit spezifischen Arbeitsergebnissen, die auf der Basis von experimentellen oder theoretischen Untersuchungen ermittelt wurden. Häufig werden bei den Analysen nur Veröffentlichungen in bestimmten Sprachen bzw. Fachzeitschriften berücksichtigt. Bei der Ermittlung von Kennzahlen können die berücksichtigten Veröffentlichungen noch mit dem jeweiligen „Impact"-Faktor der Zeitschrift, in der sie erschienen sind, gewichtet werden. Wie bereits erwähnt, wird der „Impact"-Faktor einer Zeitschrift auf der Basis der Zitate von Artikeln dieser Zeitschrift und der insgesamt erschienenen Anzahl von Artikeln der Zeitschrift bestimmt. Der Ermittlung wird ein bestimmter Zeitraum zugrunde gelegt. Bei Kenntnis der Methode kann z. B. ein „Impact"-Faktor durch gezielte Zitate von interessierten Personen beeinflusst werden.

2012 wurde für das Gebiet der Bibliometrie eine eigene deutschsprachige Online-Zeitschrift gegründet[1]. Werner Marx[2] hat die Aussagekraft gebräuchlicher bibliometrischer Indikatoren analysiert und ihre Stärken und Schwächen aufgezeigt. Demnach sind quantitative Aussagen aufgrund bibliometrischer Kennzahlen möglich, jedoch kann man daraus nur beschränkt auf die Qualität der Forschungsarbeiten rückschließen. Außerdem müssen bei der Bewertung der Kennzahlen die in Abschnitt 5.1 erwähnten unterschiedlichen Kulturen des wissenschaftlichen Kommunizierens in den verschiedenen Disziplinen beachtet werden.

Im Zusammenhang mit der Begutachtung von Förderanträgen und der Bewertung von Forschungsleistungen stellte die Deutsche Forschungsgemeinschaft (DFG) fest, dass in den letzten Jahren bei der Bewertung

---

[1] Siehe: Bibliometrie – Praxis und Forschung: www.bibliometrie-pf.de

[2] W. Marx: Bibliometrie in der Forschungsbewertung – Aussagekraft und Grenzen. Forschung und Lehre, 11. November 2011; www.forschung-und-lehre.de/wordpress/?p=9147

wissenschaftlicher Publikationen eines Autors statt der Qualität die Quantität die Oberhand gewann. Die Zahl der Publikationen zählte bei einigen Bewertungen mehr als ihre Inhalte. Entsprechend wurden von einigen Autoren die publizierbaren Ergebnisse in immer kleinere publizierfähige Einheiten zerhackt, da sie angehalten wurden möglichst viel zu publizieren. Um dem entgegenzuwirken, hat die Deutsche Forschungsgemeinschaft die Zahl der zu nennenden Publikationen bei der Antragstellung 2010 drastisch reduziert. So darf ein Antragsteller in seinem Antrag an die DFG lediglich bis zu zwei projektspezifische eigene Publikationen pro Förderjahr aufführen. Man will damit erreichen, dass sich die Antragsteller zukünftig in anderer Weise mit den eigenen Publikationen auseinandersetzen. Außerdem wird erwartet, dass die Gutachter die wenigen angeführten Publikationen stärker beachten als bisher und die Inhalte wieder mehr bewerten. Diese Entwicklung ist auch im Interesse der Redaktion einer Fachzeitschrift, da sie deren Arbeit unterstützt und sich an den gleichen Zielen orientiert.

- *Publizierte Inhalte wurden zur wertvollen Ware weniger Verlage*

Wissenschaftliche Verlage und Fachverlage vermitteln Wissen und Brancheninformationen. Einige große Verlage sind aufgrund ihrer beherrschenden Stellung in den letzten Jahren wirtschaftlich besonders erfolgreich, da sie die Preise für die Jahresabonnements vieler traditioneller Fachzeitschriften dramatisch erhöhten. Mit dem Abonnement sind meist auch eine Lizenz zur Nutzung der bisher erschienenen Jahrgänge und ein Online-Zugang verbunden. Große Verlage bieten Beiträge ihrer Fachzeitschriften mittlerweile im Internet auch zum Kauf an, oft zu einem Preis pro Artikel, der über den eines Taschenbuches weit hinausgeht. Dabei muss man berücksichtigen, dass im Wissenschaftsbetrieb die Autoren ihre Manuskripte überwiegend kostenlos den Verlagen zur Verfügung stellen. Wenn der Sachverstand zur Begutachtung der Manuskripte nicht in der Redaktion eines Verlags vorhanden ist, gibt der Verlag eine Begutachtung in Auftrag, peer review genannt, die ebenfalls von Wissenschaftlern ohne Honorar durchgeführt wird. Bei einer positiven Begutachtung erscheinen die Artikel in der Zeitschrift und werden online bereitgestellt.

Dieselbe Fachgemeinde, die für die Inhalte dieser Zeitschriften gesorgt hat, zahlt bei diesem System am Ende hohe Preise, um „ihre" Texte lesen zu können. Diese Geschäftspolitik einiger Großverlage, die ihre Preise fast beliebig diktieren, hat zur Folge, dass das Budget vieler Universitäten nicht mehr ausreicht, um die für die Fachgebiete wichtigen Fachzeitschriften in den Bibliotheken zur Verfügung zu stellen. In diesem Zusammenhang spricht man im Bibliothekswesen seit Mitte der 1990er Jahre von einer Zeitschriftenkrise, da die Preise einiger Zeitschriften in den Bereichen Naturwissenschaft, Technik und Medizin (engl.: Science, Technology, Medicine; daher kurz STM) stark angestiegen sind, während die Etats der Bibliotheken stagnierten oder sogar rückläufig sind. Deshalb wurden viele Zeitschriftenabonnements gekündigt und bestehende Abonnements im Verbund genutzt. Diese Entwicklung führte wiederum zu Preiserhöhungen, wodurch die Verlage die dadurch verursachten Einnahmeverluste auszugleichen versuchten. Es entstand ein Teufelskreis, in dessen Verlauf der Zugriff auf aktuelle Forschungsinformationen für Wissenschaftler und andere interessierte Personen teileweise stark eingeschränkt wurde. Die Rede von einer „Krise der wissenschaftlichen Informationsversorgung" wird vor diesem Hintergrund verständlich.

Mit dem bei Fachzeitschriften zu beobachtenden Übergang von der gedruckten Form zur elektronischen Zeitschrift wird den Verlagen eine stärkere Kontrolle der Nutzung der Zeitschrifteninhalte möglich. Bibliotheken werden Zeitschriften nicht mehr verkauft, sondern der Zugriff auf Inhalte wird lizenziert. Wenn eine Zeitschrift abbestellt wird, wird auch der Zugriff auf die digital vorliegenden Inhalte älterer Ausgaben verweigert. Es wird dadurch einer Bibliothek der Zugriff auch auf diejenigen Jahrgänge verwehrt, für die sie Abonnementsgebühren bezahlt hat.

Die Lizenzverträge zu einem Abonnement mit den Universitätsbibliotheken gestatten nur noch Universitätsangehörigen den Zugriff auf die Zeitschriften. Andere Personen, die vorher z. B. im Lesesaal Zugriff auf die Zeitschrift hatten, werden damit ausgeschlossen. Für sie haben einige Wissenschaftsverlage das Modell Pay-Per-View vorgesehen, bei dem der interessierte Leser für jeden Artikel gesondert zahlen muss.

In den 1990er Jahren kam es in dem Markt des „Scientific, Technical & Medical Publishing" und den zugehörigen STM-Zeitschriften zu einem starken Konzentrationsprozess. Die Bündelung vieler Zeitschriftentitel in wenigen Verlagen hat zur Folge, dass heute vielen verstreuten Käufern (u. a.

Bibliotheken) nur noch wenige Anbieter gegenüberstehen. Nach einer Studie[1] wird der globale Umsatz im STM-Markt für das Jahr 2011 auf 21,6 Mrd. US-Dollar geschätzt. Dabei geht man davon aus, dass ca. 60 % dieses Umsatzes von acht STM-Zeitschriftenkonzernen erwirtschaftet wird. Der Marktführer Reed Elsevier (NL) hatte im Jahr 2011 einen Umsatz von 6,9 Mrd. Euro, was nahezu 9 Mrd. US-Dollar entspricht, so dass sein Anteil am Weltmarkt ca. 41 % beträgt. Mit Abstand folgen dann die Verlage Thomson (GB), Wolters Kluwer (NL), Springer Science + Business Media (L) und Wiley-Blackwell (USA). Diese Verlage sind im Besitz vieler traditionsreicher und angesehener Zeitschriften, die aufgrund der Reputation ihrer früheren und heutigen Autoren ein hohes Ansehen genießen.

Wissenschaftler öffentlicher Institutionen sind gezwungen, ihre Forschungsergebnisse in Fachzeitschriften zu publizieren. Bei der Entscheidung, in welcher Zeitschrift sie publizieren, richten sie sich nach dem Ansehen und Einfluss der Zeitschrift, nicht jedoch nach Marktkriterien. Andererseits ist der Zugriff auf einige wichtige Zeitschriften die Voraussetzung, um sich über aktuelle Entwicklungen in einem Fach zu informieren und um wissenschaftliche Forschung betreiben zu können. Diese Faktoren stärken die Positionen weniger Wissenschaftsverlage, die deshalb jährliche Preissteigerungen im zweistelligen Prozentbereich für Zeitschriftenabonnements durchsetzen und hohe Kapitalrenditen erreichen konnten.

Diese Entwicklung ist bedenklich, da viele der veröffentlichten Forschungsergebnisse durch eine öffentliche Förderung erzielt wurden, die dann von der öffentlichen Hand in der veröffentlichten (gedruckten oder digitalen) Form wieder für hohe Beträge zurückgekauft werden. Daher diskutieren Vertreter aus Wissenschaft, Verlagen und Bibliotheken seit einigen Jahren, wie die Zukunft des wissenschaftlichen Publizierens aussehen wird.

- *Der Einfluss des Urheberrechts*

Die bedeutende Rolle der STM-Zeitschriften wird auch durch das Urheberecht begründet und gefestigt, da die Autoren in der Regel mit dem Einreichen ihres Manuskriptes erklären, dass sie im Besitz der Urheberrechte

---

[1] M. Ware, M. Mabe: The stm report. Nobember 2012. Erstellt im Auftrag der "International Association of Scientific, Technical & Medical Publishers" (siehe: www.stm-assoc.org)

sind und diese an den Verlag abtreten. Im Abschnitt 5.2 wurde die Entwicklung des Urheberrechtes, d. h. das eigentumsähnliche Recht des Autors an seinem Werk, beschrieben. Dieses Recht hat sich bis heute weiterentwickelt und wird zurzeit kontrovers diskutiert. Von einigen Gruppen werden die bestehenden Regelungen kritisiert, da nach ihrer Meinung unter den zuvor geschilderten Umständen und bei den zurzeit üblichen Verträgen der Autoren mit den Verlagen das Urheberrecht immer mehr zu einem Recht auf Verwertung der Werke durch die Verlage verkommt.

Als Gegenbewegung entwickelte sich z. B. im Bereich der Software seit einigen Jahren „Open Source" zu einer wirtschaftlichen Alternative zu traditionell kommerziellen Produkten. Ähnliche Alternativen wurden auch für Texte, Fotos, etc. entwickelt. Diese Möglichkeit wird in den letzten Jahren immer häufiger genutzt, nicht zuletzt in Projekten wie Wikipedia.

Ein dritter „Korb" der Urheberrechtsreform wurde vom Gesetzgeber angekündigt, bei dem es u. a. um die Belange von Wissenschaft und Bildung geht. Es wird z. B. diskutiert, ob ein Autor nach der Verlagsveröffentlichung sein Werk auch von Ihm zugänglich gemacht werden darf. Das so genannte Zweitveröffentlichungsrecht zielt dabei auf das parallele Einstellen eines Beitrages in einer freien Online-Plattform nach der Veröffentlichung in einer Zeitschrift ab. Dies kann zurzeit durch vertragliche Regelungen entsprechend § 38 UrhG verhindert werden.

- *Open Access*

Seit einigen Jahren gibt es die internationale Bewegung des „Open Access", d. h. die Forderung, die Erkenntnisse akademischer Forschung entgeltfrei online zu publizieren und ohne Lizenzbeschränkungen zugänglich zu machen. Die Bewegung setzte 2003 mit der „Berliner Erklärung über offenen Zugang zu wissenschaftlichem Wissen" einen wichtigen Meilenstein[1]. Ihre Unterzeichner verpflichten sich, ihre Arbeiten als Volltext in einer Datenbank abzulegen, so dass sie für alle Interessierten frei zugänglich und nutzbar sind. Die deutschen staatlichen Wissenschaftsorganisationen, wie z. B. die Deutsche Forschungsgemeinschaft (DFG), die Fraunhofer-Institute und Max-Planck-Institute, unterstützten die Open-Access-Bewegung, da sie im Auftrag des Steuerzahlers öffentliche Forschungsmittel verwalten und erwarten, dass

---

[1] Berliner Erklärung über offenen Zugang zu wissenschaftlichem Wissen; www.mpg.de/pdf/openaccess/BerlinDeclaration_dt.pdf

der Steuerzahler die Ergebnisse dieser Forschung später auch zu angemessenen Kosten nachlesen kann. Mit einem „Open Access" wird der Kommunikationsprozess erleichtert und gefördert, auf der anderen Seite berührt die Verwendung der Inhalte auch die materiellen und ideellen Interessen der Urheber.

In Deutschland befinden sich derzeit eine Reihe frei zugänglicher Publikationsplattformen im Aufbau, die von verschiedenen Wissenschaftsorganisationen oder Ministerien gefördert werden (u. a. Bundesministerium für Bildung und Forschung, Max-Planck-Gesellschaft, Fachinformationszentrum Karlsruhe, DFG). Es haben sich auch bereits Open-Access-Zeitschriften etabliert, in denen qualitätsgeprüfte Publikationen veröffentlicht werden. Deutsche Wissenschaftsorganisationen haben 2008 die Schwerpunktinitiative „Digitale Information" gestartet und 2013 auf diesem Gebiet eine Zusammenarbeit vereinbart. Im Mittelpunkt der Initiative steht der verbesserte und möglichst offene Zugang zu wissenschaftlichen Ergebnissen[1]. Mit den Maßnahmen verbunden ist auch der Aufbau abgestimmter wissenschaftlicher Literaturversorgungs- und Informations- systeme (LIS).

Die EU-Kommission startet ein internationales Programm zur Förderung wissenschaftlicher Publikationen im Internet. Federführend dabei ist die im Oktober 2011 gegründete Vereinigung „Science Europe", der bisher 51 europäische und außereuropäische Forschungsorganisationen angehören.[2]

Nach einer Meldung auf „Spiegel online" [3] vom 12.11.2012, in dem über die Arbeiten der Forschergruppe um Vincent Larivière[4] von der Universität Montreal berichtet wurde, ist bereits eine Tendenz zu erkennen, dass die Bedeutung der großen STM-Zeitschriften langsam aber stetig abnimmt. Demnach werden Arbeiten, die in den als hochrangig angesehenen Fachzeitschriften erschienen sind, weniger zitiert als früher. Die

---

[1] http://www.allianzinitiative.de

[2] http://www.scienceeurope.org

[3] http://www.spiegel.de/wissenschaft/medizin/open-access-senkt-einfluss-der-etablierten-fachjournale-a-866659.html

[4] G. A. Lozano, V. Lariviere, Y. Gingras: The weakening relationship between the Impact Factor and papers' citations in the digital age. Digital Libraries (cs. DL); Physics and Society (physics.soc-ph); http://arxiv.org/abs/1205.4328

Untersuchung basiert auf rund 820 Millionen Zitaten aus fast 30 Millionen Artikeln, die zwischen 1902 und 2009 publiziert wurden. Entsprechend den Ergebnissen der Untersuchungen hatten die einflussreichsten STM-Zeitschriften an den zitierten Artikeln 1990, auf dem Höhepunkt ihrer Dominanz, noch einen Anteil von 45 %. 2009 waren es nur noch 36 %. Die Arbeitsgruppe führt das u. a. auf die heute übliche Internetsuche mit Suchmaschinen zurück, mit der auch Artikel aus kleineren Fachjournalen und den „Open Access"-Plattformen verstärkt gefunden und daher auch berücksichtigt werden.

5.4 Aufgabe der Verlage und Redaktionen

Mit der Herausgabe einer Fachzeitschrift wird das primäre Ziel verfolgt, aktuelle wissenschaftliche, technische Erkenntnisse und Entwicklungen zu publizieren. Die Zeitschriften werden hierzu von einem Verlag in einer großen Stückzahl gedruckt und meist durch einen zielgerichteten Versand verbreitet. Heute ist damit in der Regel auch ein Angebot zur Nutzung der Publikationen im Internet verbunden.

Fachzeitschriften wenden sich an einen mehr oder weniger engen Kreis von Fachleuten und erscheinen regelmäßig (mindestens viermal pro Jahr) und zählen damit zur Gruppe der Periodika. Herstellung und Verbreitung der Zeitschriften übernehmen die Verlage. Bei ihnen handelt es sich um Wirtschaftsunternehmen, welche die Zeitschrift unter Beachtung der Ökonomie vermarkten. Die dabei erzielten Erträge ermöglichen es meist erst, dass eine Fachzeitschrift erscheinen kann. Der Verlag ist mit Namen und Anschrift im Impressum der Zeitschrift aufgeführt. Einige Verlage garantieren die im Impressum aufgeführte Auflage und lassen die hergestellte und verbreitete Stückzahl von unabhängigen Organisationen überprüfen. In Deutschland übernimmt dies die IVW (Informationsgemeinschaft zur Feststellung der Verbreitung von Werbeträgern e. V.). Die Identifikation eines Beitrages in einer Fachzeitschrift wird durch die International Standard Serial Number (ISSN) gewährleistet. Sie besteht aus acht Ziffern und wird von einer eigens dafür gegründeten Organisation (ISDS = International Serial Data Systems) auf Antrag des Verlegers vergeben. Sie wird im Impressum aufgeführt und ermöglicht weltweit die eindeutige Identifizierung der Zeitschrift.

Auch Fachzeitschriften unterliegen den Pressegesetzen[1]. Da die Presse die Kulturhoheit der Länder betrifft, sind Pressegesetze Gesetze der Bundesländer. Es werden darin die besonderen Rechte der Presse und ihre Pflichten beschrieben. U. a. wird festgelegt, dass redaktionelle Beiträge, die dem Verantwortungsbereich der Redaktion unterliegen, und bezahlte Veröffentlichungen (Anzeigen) deutlich voneinander zu unterscheiden sind. Auch wird darin die Angabe des Impressums in jeder Ausgabe vorgeschrieben. Eine 2013 aktualisierte „Gesetzessammlung: Information, Kommunikation, Medien" ist in der Schriftenreihe „Arbeitspapiere des Hans-Bredow-Instituts" erschienen und wird vom Institut zum kostenlosen Download bereitgestellt[2].

Die Redaktion einer Zeitschrift erfüllt eine öffentliche Aufgabe dadurch, dass sie Nachrichten beschafft und verbreitet, Stellung nimmt, Kritik übt oder auf andere Weise an der Meinungsbildung mitwirkt. Sie muss alle Nachrichten vor ihrer Verbreitung mit der nach den Umständen gebotenen Sorgfalt auf Inhalt, Herkunft und Wahrheit prüfen. Sie ist für den Inhalt des redaktionellen Teils der Zeitschrift verantwortlich und bemüht sich, die vom Verlag vorgegebene Zielsetzung der Zeitschrift zu erfüllen. Als Beispiel ist die Zielsetzung des Verlages zur Fachzeitschrift „Filtrieren und Separieren" aufgeführt.

Beispiel: *Zielsetzung der Fachzeitschrift „Filtrieren und Separieren"*

Die Zeitschrift "F&S - Filtrieren und Separieren" verfolgt das Ziel, den Informationsbedarf von Ingenieuren, Technikern, Naturwissenschaftlern und Betriebsleitern auf dem Gebiet der Filtrations- und Separationstechnik zu decken. Die Redaktion übernahm in diesem Zusammenhang die Aufgabe, über die Entwicklungen in Kernbereichen (Filtrationstechnik, Separationstechnik, Membrantechnik, disperse Stoffsysteme) aktuell zu berichten. Berichtet wird auch über Randgebiete, welche die oben aufgeführten Kerngebiete tangieren (z. B. Pumpen, Partikelmesstechnik, Rohrleitungs-, Apparate- und Anlagentechnik). Entsprechend dem Anwendungsspektrum der Filtrations- und Separationstechnik deckt das Profil der Zeitschrift das Informationsbedürfnis über dieses Gebiet in vielen Industriebereichen ab. Hierzu gehören z.B. die Bereiche
- Chemische und Pharmazeutische Industrie,

---

[1] Siehe: www.presserecht.de
[2] Siehe: www.hans-bredow-institut.de

- Biotechnologie,
- Lebensmittelindustrie inkl. der Getränkeindustrie,
- Wasseraufbereitung,
- Abwasserbehandlung,
- sonstige Bereiche der Umweltschutztechnik,
- Produktions- und Oberflächentechnik,
- Reinraum-, Lüftungs- und Klimatechnik,
- Labor- und Analysetechnik.

Die technische und wirtschaftliche Bedeutung der Filtrations- und Separationstechnik in den einzelnen Bereichen wurde anlässlich des 10-jährigen Bestehens der Zeitschrift beschrieben[1].

Der Journalist einer Redaktion verbreitet die Nachrichten in einer Zeitschrift in der für die Zielgruppe geeigneten, aufbereiteten Form. Auch ein Fachjournalist ist dabei gehalten die publizistischen Grundsätze des „Deutschen Presserates"[2] einzuhalten, welche als „Richtlinien für die publizistische Arbeit", auch bekannt als „Pressekodex", aufgestellt wurden. Der Pressekodex konkretisiert die Berufsethik der Presse, die u.a. die Pflichten umfasst, im Rahmen der Verfassung und der verfassungskonformen Gesetze das Ansehen der Presse zu wahren und für die Freiheit der Presse einzustehen. Für Fachzeitschriften mit eigenen redaktionellen Beiträgen ergibt sich daraus u. a. die oben bereits erwähnte Verpflichtung einer klaren Trennung zwischen redaktionellen Texten und Veröffentlichungen zu Werbezwecken. Redaktionelle Veröffentlichungen dürfen demnach auch nicht durch private oder geschäftliche Interessen Dritter oder durch wirtschaftliche Interessen des Verlages oder der Journalisten beeinflusst werden.

Bei einer technischen Fachzeitschrift steht der Journalist als Redakteur meist zwischen den schreibenden Wissenschaftlern bzw. Ingenieuren und den Lesern. Die Tätigkeiten der Redaktionen umfassen das Aufspüren und Akquirieren von Beiträgen sowie die Sichtung und Auswahl geeigneter zugesandter Manuskripte und sonstiger Informationen. In der Zeit des Internets, das in ungeordneter Weise eine Fülle von Informationen anbietet, kommt der sachkundigen Informationsauswahl und -aufbereitung eine zentrale Rolle zu. Vor diesem Hintergrund verlagert sich die Aufgabe der

---

[1] S. Ripperger: F&S Filtrieren und Separieren 12 (1998), Nr. 1, S. 3-6
[2] Siehe: www.presserat.info

Redaktion einer Fachzeitschrift zunehmend von der Informationsbeschaffung zur Informationsbewertung und -aufarbeitung.

Die Redaktion einer Fachzeitschrift hat die Aufgabe, ihre Zielgruppe mit entsprechend aufbereiteten Informationen zu versorgen. Entsprechend prüft sie Fachbeiträge auf ihre Relevanz und Aktualität. Außerdem besteht die Aufgabe, die Qualität der Zeitschrift zu sichern. Die Aufgaben können nur von qualifizierten Fachleuten auf dem jeweiligen Fachgebiet wahrgenommen werden. Da nicht alle eingehenden Manuskripte den Anforderungen der Zeitschrift entsprechen, ist das Redigieren der Beiträge in Zusammenarbeit mit dem Autor, d. h. die inhaltliche, sprachliche und formale Anpassung der Beiträge, eine wesentliche Aufgabe der Redaktion. Inhaltliche Fragen werden dabei mit den Autoren abgesprochen.

Bei den meisten STM-Zeitschriften, bei denen die Fachkompetenz in der Redaktion nicht in der gesamten Tiefe vorhanden ist, werden die Beiträge externen Gutachtern (Referees) zugesandt, die eine Begutachtung vornehmen. Gute Zeitschriften verpflichten die Gutachter, denen sie eingesandte Manuskripte zur Prüfung überlassen werden, auf Vertraulichkeit und die Offenlegung einer Befangenheit gegenüber den Autoren, die evtl. der Redaktion entgangen sein könnte. Weiterhin wird erwartet, dass das gewünschte Gutachten mit der Bewertung in Bezug auf die Zeitschrift und den Kommentaren in einer relativ kurze Frist (zwei bis drei Wochen) erstellt wird.

Die Begutachtung durch externe Gutachter ist nicht unkritisch für die Autoren, da urheberrechtlich oder patentrechtlich noch ungeschützte Ideen, Forschungsergebnisse und Formulierungen an Personen weitergegeben werden, deren Identität die Autoren in der Regel nicht kennen, denn nahezu alle derartigen Begutachtungsverfahren sind anonym. Außerdem können oftmals die Gutachter unmittelbare Konkurrenten der Autoren sein. Die Vorsichtsmaßnahmen der Verlage beschränken sich auf eine sorgfältige Auswahl der Gutachter und deren Verpflichtung zur Vertraulichkeit. Außerdem wird daran appelliert eine ggf. bestehende Befangenheit offen zu legen. Die Gutachter orientieren sich bei der Begutachtung meist an Fragebögen der Redaktion. Am Ende des Abschnittes sind typische Fragen aufgeführt, die dabei zu beantworten sind. Sie machen deutlich, wie der Inhalt eines Beitrages und seine Präsentation beurteilt werden. Entsprechend ist ein Beitrag für eine Fachzeitschrift mit größter Sorgfalt abzufassen.

Typische Fragen, die bei einer Begutachtung eines Fachartikels von einem Gutachter zu beantworten sind

- Ist der Beitrag für die Leser der Zeitschrift interessant?
- Ist der Gegenstand der Untersuchung originell und sind die Ergebnisse neu?
- Sind die genutzten Untersuchungsmethoden der Fragestellung angemessen?
- Sind die Ergebnisse nachvollziehbar und schlüssig interpretiert?
- Werden Einschränkungen und Gültigkeitsbereiche erklärt?
- Ist der Beitrag sinnvoll gegliedert?
- Werden unangemessene Ausdrücke und Formulierungen vermieden?
- Ist der Beitrag entsprechend den Richtlinien der Zeitschrift abgefasst?
- Ist die Länge des Beitrages angemessen oder sind Kürzungen möglich?
- Sind Ergänzungen notwendig oder wünschenswert?
- Sind alle Abbildungen und Tabellen notwendig und ordnungsgemäß aufgeführt?
- Wird die Literatur angemessen und richtig zitiert?
- Beschreibt der Titel den Inhalt des Beitrags richtig und treffend?

5.5 Hinweise zur Nutzung des Mediums Fachzeitschrift

Die Redaktion einer Zeitschrift geht bei einer Einreichung eines Manuskriptes zur Veröffentlichung in der Regel davon aus, dass der Autor im Besitz der Urheberrechte sowie ggf. erforderlicher Freigabegenehmigungen ist. Insbesondere Autoren, die über Arbeiten in Forschungsverbünden, Unternehmen oder sonstigen Organisationen berichten, müssen die darin geltenden Regeln, mit denen eine solche Freigabe erreicht wird, beachten. Der Autor bzw. die genannten Autoren übernehmen mit der Einreichung des Manuskriptes auch die Gewähr für den Inhalt. Sie sind, wie die Redaktion der Fachzeitschrift, der Wahrheit verpflichtet. Bewusste oder grob fahrlässige Falschangaben werden z. B. innerhalb wissenschaftlicher Forschungsorganisationen geahndet und können Konsequenzen zur Folge haben. Die Deutsche Forschungsgemeinschaft (DFG) hat Regeln zur Sicherung guter wissenschaftlicher Praxis erstellt, die u. a. auch die Qualitätssicherung wissenschaftlicher Veröffentlichung umfassen[1]. Bei Texten innerhalb einer Zeitschrift ist es daher wichtig zu wissen, wer einen Artikel inhaltlich vertritt und verantwortet. Bei Artikeln ohne Autorenangabe sind es Mitglieder der Redaktion, die im Impressum der Zeitschrift aufgeführt sind. Nach dem deutschen Presserecht besteht bei Zeitungen und Zeitschriften die Pflicht, ein Impressum mit den entsprechenden Angaben aufzuführen.

- *Hinweise für Autoren wissenschaftlicher Fachbeiträge*

Bei allen Fachzeitschriften hat sich ein Standard herausgebildet, den ein Autor kennen muss, um erfolgreich dieses Medium zu nutzen. Die Beachtung dieser Regeln vereinfacht wesentlich die Zusammenarbeit mit einer Redaktion. Einige der Regeln zur inhaltlichen Abfassung von Fachartikeln wurde in Kapitel 4 behandelt. Außerdem sollten bei der formalen Abfassung von Beiträgen die Richtlinien bzw. „Hinweise für Autoren" des jeweiligen Verlages berücksichtigt werden. Die Beachtung dieser Hinweise und Richtlinien stellt sicher, dass viele der Fragen in der Tabelle auf Seite 101 positiv beantwortet werden können.

Das Manuskript wird nur einmal geschrieben, der gedruckte Aufsatz jedoch häufig gelesen. Es ist daher angemessen, wenn der Autor den Text mehrmals überarbeitet, verbessert und sich bemüht ihn mit großer Sorgfalt abzufassen, damit die erläuterten Zusammenhänge und Aussagen für den Leser leicht verständlich sind.

- *Hinweise für Mitarbeiter von Presseabteilungen*

Neben den Autoren sind die Mitarbeiter von Presseabteilungen der Unternehmen und Organisationen oder der von diesen beauftragten Agenturen Ansprechpartner der Fachjournalisten in den Redaktionen. Sie sind wie die Journalisten an der optimalen Verbreitung neuer Informationen interessiert. Dabei muss jedoch berücksichtigt werden, dass die Sicht der Dinge deutlich voneinander abweichen kann. Der Journalist muss objektiv über Forschungs- und Entwicklungsergebnisse und über die Vor- und Nachteile sowie die möglichen Konsequenzen berichten. Bei Fachzeitschriften besteht außerdem

---

[1] Vorschläge zur Sicherung guter wissenschaftlicher Praxis. Hrsg.: Kommission „Selbstkontrolle in der Wissenschaft" innerhalb der Deutschen Forschungsgemeinschaft (DFG). Wiley-VCH, Weinheim (1998), ISBN 3-527-27212-7

der Wunsch häufig über Details der Methoden, Produkte oder Ergebnisse im Interesse der Leser zu berichten, damit die Schlussfolgerungen nachvollziehbar werden. Je vollständiger die Ergebnisse bzw. Neuerungen beschrieben werden, desto geringer ist das Risiko für Missverständnisse.

Eine ausführliche Beschreibung von Zusammenhängen ist meistens nicht das Ziel einer Pressemitteilung. Viele der eingehenden Pressemitteilungen sind so knapp und nur auf die „gute Nachricht" ausgerichtet, dass sie nicht den Anforderungen einer Fachzeitschrift genügen. Sie bedürfen häufig einer Überarbeitung durch die Redaktion oder sogar einer Ergänzung. Ein Teil der Öffentlichkeitsarbeit der PR-Fachleute sollte darin bestehen, auf die inhaltlichen und formalen Qualitätskriterien der jeweiligen Redaktion einzugehen. Die Qualitätskriterien einer Redaktion sind die Basis dafür, dass der Leser ihre Beiträge auf Basis von Vertrauen und Sachlichkeit oft stärker beachtet, als die Meldungen der Unternehmen selbst. In den meisten Fällen werden innerhalb der Redaktion die Unternehmensbeiträge so überarbeitet, dass sie ihren Anforderungen entsprechen. Sie werden quasi „objektiviert". Entsprechend erhöht sich die Wahrscheinlichkeit, dass eine Pressemitteilung innerhalb einer Redaktion berücksichtigt wird, wenn bereits bei ihrer Abfassung die Informationen möglichst neutral und objektiv dargestellt werden.

Nicht zu unterschätzen sind die Vorteile für die Unternehmen und sonstige Organisationen, die mit einer Verbreitung ihrer Forschungs- und Entwicklungsergebnisse in einer Fachzeitschrift verbunden sind. Sie verbessern das Image und belegen, dass innovative und fachlich kompetente Mitarbeiter im Unternehmen vorhanden sind. Dadurch wird die öffentliche Wahrnehmung eines Unternehmens positiv verändert und Vertrauen in die von ihm angebotenen Produkte geschaffen. Oft kann das Unternehmen aus einer Veröffentlichung einen konkreten Nutzen ziehen. So werden z. B. Neuentwicklungen, über die in der Fachpresse berichtet wird, oft als solche erst wahrgenommen und verbreitet. Es ist daher erstaunlich, dass insbesondere viele kleine und mittelständische Unternehmen das Medium Fachzeitschrift noch wenig nutzen.

Anders ist es im Bereich der Wissenschaft. Dort ist man sich der Vorteile, die mit Veröffentlichungen verbunden sind, bewusst. Veröffentlichungen entwickelten sich zur „Währung" bzw. zum „Goldstandard" der Wissenschaft, wie Mathias Kleiner, ehemals Präsident der DFG formulierte[1].

---

[1] M. Kleiner: Qualität statt Quantität. Forschung 1 (2010), S. 2-3

6 Zukunft schriftlicher Ausarbeitungen

6.1 Einführung

In den vorherigen Kapiteln wurde über die heutige Flut schriftlicher Ausarbeitungen und die Rolle der Verlage, welche die Urheberechte an einem großen Teil der Publikationen halten, berichtet. Die Verlage sorgen mit ihrer Organisation und den technischen Einrichtungen für die Verbreitung und „Vermarktung" der Publikationen. Die Rolle der Veröffentlichungen als Wissensspeicher und als Basis für Innovationen und den weiteren technischen Fortschritt wurde dargestellt und es wurden Normen und Richtlinien vorgestellt, die gewährleisten, dass die Veröffentlichungen auf den Gebieten der Ingenieur- und Naturwissenschaften dem letztgenannten Anspruch weitgehend gerecht werden. In diesem Kapitel soll untersucht werden, wie sich „das Veröffentlichen" in Zukunft gestalten wird. Dabei muss berücksichtigt werden,

a) was unter Einbeziehung der neuen Medien möglich ist bzw. möglich wird und

b) was unter den Aspekten der Akteure (Autoren, Verlage) und

c) unter den Aspekten der Nutzer (Leser) wünschenswert ist.

Beim Letzteren muss bei der ingenieur- und naturwissenschaftlichen Literatur ihre Rolle als Wissensspeicher besonders berücksichtigt werden.

6.2 Neue Möglichkeiten des Publizierens

- *Elektronisches Publizieren*

Bei nahezu allen Wissenschaftsverlagen werden die elektronischen Medien zum Publizieren von Fachbeiträgen genutzt, meist in Kombination mit den klassischen gedruckten Fachzeitschriften. Die meisten Verlage haben jedoch, wie andere Organisationen auch, Online-Portale eingerichtet mit dem Ziel,

Beiträge zu veröffentlichen. Bei den sogenannten Online-Zeitschriften geht der eigentlichen Veröffentlichung oftmals ein Review-Prozess voraus, der dem einer gedruckten Zeitschrift entspricht. Bei einer Online-Zeitschrift handelt es sich um ein Online-Portal bzw. Web-Portal, d. h. eine Adresse im „World Wide Web", die als Zugang zu den Beiträgen dient. Viele Verlage offerieren die Inhalte ihrer Fachzeitschrift zusätzlich unter einem oder mehreren Online-Portalen. Zur Nutzung dieser Dienste und zum Lesen werden vermehrt Tablet-Computer und eBook-Reader genutzt. Diese Entwicklungen haben das traditionelle Geschäftsmodell der Verlage in Frage gestellt. Eine Zeit lang war es üblich, dass redaktionelle Inhalte im Internet kostenlos zur Verfügung standen. Es hat jedoch bereits ein Wandel begonnen, bei dem vermehrt einzelne Artikel nur im Rahmen einer Lizenzvereinbarung oder einer Rechnungsstellung zur Verfügung gestellt werden.

Damit eine wissenschaftliche Veröffentlichung eindeutig identifiziert werden kann, wird ihr ein „Digital Object Identifier" (DOI) zugeordnet. Er ist Teil eines Systems zur eindeutigen und dauerhaften Kennzeichnung digitaler Objekte bzw. Online-Veröffentlichungen. Das DOI-System ist mit den ISBN- bzw. ISSN-Kennzeichnungen für Bücher und Zeitschriften vergleichbar. Es wurde von der International DOI Foundation (IDF) eingeführt, die auch als Betreiber des DOI-Systems auftritt[1].

Einer DOI kann im Netz ein „Uniform Resource Identifier" (URI) zugewiesen werden. Es handelt sich dabei um eine Adresse im „World Wide Web", die als Ressource für das Objekt dient und über die es aufgerufen werden kann. Als Ressource dienen digitale Datenbanken, welche die DOIs beinhalten und von Verlagen oder anderen Unternehmen und Organisationen eingerichtet und betrieben werden.

Einer DOI wird zur Kennzeichnung das Kürzel „doi:" vorangestellt. Danach folgen „10." und die Kennung der Organisation (z. B. Verlag, Unternehmen oder sonstige Organisation) und die eindeutige Identifikation der Veröffentlichung. Verlagen wird zur ihrer Kennzeichnung eine eigene Nummer zugewiesen (beginnend bei 1000). Die Kennzeichnung der Veröffentlichungen können sie selbst vornehmen. So können Veröffentlichungen in einer Zeitschrift beispielsweise mit einem Kürzel für

---

[1] Siehe: www.doi.org

die Zeitschrift, dem Jahr der Veröffentlichung und einer durchgehenden Manuskriptnummer gekennzeichnet werden.

Das zuvor beschriebene System wird u. a. vom Wiley-VCH-Verlag genutzt. Ein Beitrag des Autors zur Haftung von Partikeln an Oberflächen in der Fachzeitschrift „Chemie Ingenieur Technik" des Verlages kann z. B. unter doi:10.1002/cite.201100099 aufgerufen werden. Darin steht 1002 als Kennung für den Wiley-Verlag, „cite" steht für die Zeitschrift „Chemie-Ingenieur-Technik", 2011 für das Jahr der Einreichung und Bearbeitung und 99 als Nummer des Manuskripts. Der zugehörige „Uniform Ressource Locator" (URL) als Kennzeichnung der Quelle im Internet lautet: http://dx.doi.org/10.1002/cite.201100099. Damit wird der DOI-Proxyserver (*http://dx.doi.org/DOI*) als Kommunikationsschnittstelle mit der DOI verbunden. Diese Verlinkung eines Artikels auf einer Webseite bietet sich an, um ihn direkt zugänglich zu machen. Der Artikel kann auf diese Weise einfach aufgerufen werden, da mit dem Link auf einer Webseite gleichzeitig auch die DOI des Beitrages angegeben wird.

Aufgrund der Entwicklungen der letzten Jahre können viele wissenschaftliche Artikel der Ingenieur- und Naturwissenschaften durch DOIs erschlossen werden. Der Digital Object Identifier (DOI) eines Artikels kann in der Regel auf der Webseite des zugehörigen Verlages ermittelt werden. Bei einem Verweis auf eine neuere Veröffentlichung wird meist auch die DOI-Kennzeichnung angegeben. In Literaturverzeichnissen wird es mehr und mehr üblich sowohl auf die gedruckte Form als auch auf die DOI-Kennzeichnung zu verweisen.

Die Nutzung der elektronischen Medien ist von großem Vorteil bei der Suche von Autoren und Inhalten. Neben der Suche nach vorgegebenen Kenn- oder Schlagworten wird auch eine Suche nach Worten im gesamten Text (Volltextsuche) ermöglicht. Ein weiterer Vorteil ist die schnelle Veröffentlichung eines Artikels, da die vergleichsweise lange Zeit für den Weg von der Redaktion über die Druckerei und den Versand bis auf den Schreibtisch der Leser entfällt.

Dennoch kann aufgrund der bisherigen Erfahrungen erwartet werden, dass die Nutzer wissenschaftlicher Literatur auch den gedruckten Text als Leseexemplar wünschen, so dass auch weiterhin gedruckte Zeitschriften und Bücher angeboten werden. Jedoch ist in den letzten Jahren die gedruckte

Auflage vieler Fachzeitschriften gesunken. Man kann daher damit rechnen, dass die online-Portale und eBooks an Bedeutung zunehmen und zusätzlich zur Volltextsuche und Datensicherung im Sinne einer Ablage genutzt werden.

- *Publishing-on-Demand*

Publishing-on-Demand beinhaltet die Nutzung von digitalen Druckverfahren, mit denen auch Kleinstauflagen von Büchern und anderen Druckschriften wirtschaftlich hergestellt werden können. Im Fall von Büchern spricht man auch von Book-on-Demand, was oft mit „Buch auf Bestellung" (kurz: BaB) übersetzt wird.

Publishing on Demand mindert das wirtschaftliche Risiko bei der Buchherstellung, wie es z. B. die Verlage eingehen, wenn sie Bücher mit dem klassischen Offsetdruck produzieren. Hier ist die Kalkulation an Mindestverkaufsmengen gebunden, die im Voraus abgeschätzt werden müssen. Um dieses Risiko zu mindern, wird eine Veröffentlichung oft auch mit einem Druckkostenzuschuss des Autors oder der Organisation, die an der Veröffentlichung interessiert ist, verbunden. Beim „Publishing on Demand" wird das Vertriebsrisiko wesentlich reduziert, da eine wirtschaftliche Herstellung auch bei einer kleinsten Auflage (meist ab ca. 30 Exemplaren) gewährleistet ist. Die Bezeichnung bringt auch zum Ausdruck, dass eine Herstellung erst nach dem Vorliegen einer gesicherten Bestellung möglich ist.

Möglich wurde dies durch die Entwicklung leistungsfähiger digitaler Drucktechniken in Verbindung mit Maschinen zum Sortieren, Schneiden und Binden der Blätter. Digitale Drucktechniken erfordern im Gegensatz zu den konventionellen Drucktechniken keine festen Druckvorlagen. Sie ermöglichen es, dass in wenigen Stunden aus fertigen Druckdateien ein Buch hergestellt werden kann. Nach einer Korrektur und Begutachtung des ersten Exemplars können in wenigen Tagen die Registrierung und die Voraussetzungen für einen Vertrieb des Werkes über den Buchhandel oder Online-Bookshop geschaffen werden.

Größere Verlage nutzen mittlerweile die Technik für unveränderte Nachdrucke vergriffener Werke und für die Bereitstellung spezialisierter Fach- und Sachbücher. Bücher in einem Verlagsprogramm sind damit nicht mehr „vergriffen" und können jederzeit nachbestellt werden. Außerdem wird die Lagerhaltung dadurch wesentlich reduziert.

- *Neue Publikumsmedien*

Mit dem Internet haben sich neue Publikumsmedien etabliert. Die Formen der Verbreitung von Informationen und die Formen von Veröffentlichungen wurden beträchtlich erweitert. Jeder kann Nachrichten, Meinungen und schriftliche Beiträge auf seiner eigenen Homepage, in Internetforen und den „Social Media" verbreiten. Letztere sind Internetprogramme, welche die Kommunikation untereinander und den Austausch von geschriebenen und gesprochenen Texten, Bildern und Videos fördern. Das interaktive und gemeinsame Erstellen, Bearbeiten und Verteilen von Inhalten betont auch der Begriff Web 2.0. Der Nutzer dieses Mediums ist nicht nur Konsument, sondern nach der aus dem Englischen entstandenen zusammengesetzten Bezeichnung auch ein „Prosument"[1]. Der Begriff bezeichnet Personen, die gleichzeitig Produzent (englisch: „producer") und Konsument bzw. Verbraucher (englisch: „consumer") sind. Sie nutzen das „World Wide Web" als Konsument und stellen über das Medium auch etwas zur Verfügung, z. B. das, was sie erarbeitet oder abgefasst haben. In diesem Zusammenhang wandelt sich auch das Selbstverständnis professioneller Journalisten, da sie nicht mehr die alleinigen Akteure auf dem Gebiet der Vermittlung von Nachrichten und Informationen sind.

- *Informationsmanagement*

Für viele Unternehmen haben Informationen im „World Wide Web" bereits heute eine wettbewerbsentscheidende Bedeutung. Dabei geht es nicht nur darum, die möglichen Kunden mit Informationen über die Produkte oder über das Unternehmen zu versorgen, sondern das moderne Informationsmanagement soll auch Innovationen fördern und messbar an der Wertschöpfung beteiligt sein. Innovationen sind in diesem Fall Ideen mit Bezug auf die Informationstechnik (IT) und ihre Umsetzung, um die Wertschöpfung zu verbessern. Dabei kann es sich um eigene Produkte in Form von Dienstleistungen handeln, die auf der Informationstechnik beruhen und von den Kunden genutzt werden. So bieten z. B. Unternehmen, die Membranmodule für die Umkehrosmose anbieten, neben den üblichen Produktinformationen auch umfangreiche Auslegungsprogramme für Anlagen an. Bei anderen Unternehmen sind Online-Bestellungen möglich und/oder

---

1 Alvin Toffler, US-amerikanischer Schriftsteller und Futurologe, führte 1980 in dem Buch „Die dritte Welle" („The Third Wave") den Begriff „Prosument" ein.

News-Letter informieren über neueste Produktentwicklungen. Durch Abfragen beim Kunden und deren Rückmeldungen kann ein Dialog in Gang kommen, der wiederum es ermöglicht das Angebot optimal an den Kundenanforderungen auszurichten. Produkte des Informationsmanagements können das bestehende Produktportfolio ergänzen und ermöglichen darüber hinaus neuartige und effiziente Kundenbeziehungen.

Immer mehr Unternehmen erkennen dieses Potenzial der modernen Informationstechnik und ihre Möglichkeit die eigenen Geschäftsziele wirksam zu unterstützen. Probleme bereiten zurzeit die sich darbietende Vielfalt an zu nutzenden Möglichkeiten und der schnelle Wandel der Informationstechnologie. Generell kann erwartet werden, dass die Komplexität zunehmen wird. Außerdem müssen im Zusammenhang mit einer Nutzung der Informationstechnik in allen Fällen die Datensicherheit und die Sicherheitsrisiken bedacht werden. All dies stellt hohe Anforderungen an das Management und die Mitarbeiter (siehe hierzu[1]).

6.3 Neue Produkte und Aufgaben der Verlage

Die im Abschnitt 6.2 erläuterten neuen Möglichkeiten des Publizierens und die moderne Informationstechnik haben auch neue Produkte der Verlage zur Folge. Bei einigen Verlagen mit Angeboten im naturwissenschaftlichen und technischen Bereich stehen heute bereits mehr Produkte im Sinne einer Software im Vordergrund, als die gedruckten Bücher und Zeitschriften im Sinne einer Hardware. Das hat dazu geführt, dass Publikationen oft gleichzeitig in verschiedenen Formen angeboten werden. Eine erste Maßnahme vieler Verlage war, dass den Lesern neben der herkömmlichen Publikation die Inhalte auch in elektronischer Form zur Verfügung gestellt wurden. Daraus entwickelten einige Verlagen unter dem Titel einer Fachzeitschrift einen „Media-Mix". In diesem Zusammenhang wird oft auch der Begriff „Crossmedia" verwendet.

- *„Media-Mix" unter dem Titel einer Fachzeitschrift*

Der Begriff „Media-Mix" stammt ursprünglich aus dem Marketing und beinhaltet die „optimale Kombination der Werbemedien (Werbeträger) im

---

[1] L. Becker, W. Gora, M. Uhrig (Hrsg.): Informationsmanagement 2.0. Symposion Publishing GmbH, Düsseldorf (2012)

Hinblick auf ihren Beitrag zur Erreichung der Werbeziele"[1]. Übertragen auf die Aufgaben einer Fachzeitschrift sorgt ein „Media-Mix" dafür, dass die Ziele, die mit der Fachzeitschrift verfolgt werden, besser als bisher erreicht werden. Viele Fachzeitschriften dienen auch als Werbeträger, so dass die Erfüllung der Aufgabe im Sinne der obigen Definition aus dem Marketing durch den „Media-Mix" des Verlages unterstützt wird.

Fachzeitschriften sollen möglichst aktuell über ein Fachgebiet informieren. Gleichzeitig dienen sie insbesondere mit Ihren Fachbeiträgen in gesammelter Form als Wissensspeicher. Auch um diesen Aufgaben noch besser gerecht zu werden, werden viele Zeitschriftentitel in Form eines „Media-Mix" angeboten. Dieser beinhaltet z. B. ein periodisch erscheinendes und ansprechend gedrucktes Fachmagazin und ein Online-Portal zum Recherchieren in früheren Ausgaben. Damit kann die Nutzung der Ausgaben einer Fachzeitschrift als Datenbank wesentlich verbessert werden, so dass sie ihrer Funktion als Wissensspeicher eines Fachgebietes noch besser gerecht wird. In einigen Fällen werden aktuelle Nachrichten zur Branche und zum Fachgebiet verbreitet. Damit wird zeitnah über neueste Entwicklungen informiert.

Für die Verlage als Wirtschaftsunternehmen stellt sich dabei die Frage, wie die angebotenen Dienstleistungen honoriert werden. Während früher mit dem Kauf einer Zeitschrift oder des Buches die Dienstleistung bezahlt wurde, werden heute die Leistungen in einem „Mix" angeboten, bei dem einige Leistungen kostenpflichtig und andere gratis sind. Kostenpflichtige Anteile werden in Form von Abonnements, Lizenzen für den Zugriff auf Online-Portale oder als Kosten für heruntergeladene Dateien in Rechnung gestellt.

- *„Crossmedia"*

Der Begriff „Crossmedia" beinhaltet die Kommunikation über mehrere inhaltlich, formal und redaktionell verknüpfte Kanäle (z. B. Zeitschrift, Internet, Hörfunk, Fernsehen, Mobilfunk). Der Kunde, Nutzer bzw. Leser wird dabei über verschiedene Medien angesprochen. Oft wird auf ein Zielmedium besonders hingewiesen. Bei Zeitschriftenverlagen sind die Zielmedien immer noch die Zeitschriften. Im Bereich des Fernsehens sind es im Fall der Nachrichten die zugehörigen Nachrichtensendungen, die im

---

[1] Gabler Wirtschaftslexikon, Stichwort: Media-Mix, online im Internet:
  http://wirtschaftslexikon.gabler.de/Archiv/82235/media-mix-v1.html

Internet stark mit den Tageszeitschriften konkurrieren. Insbesondere das Internet erlaubt auch die Interaktion mit dem Kunden bzw. Nutzer. Damit wird nach der Veröffentlichung eines Textes eine öffentliche Diskussion oder eine Diskussion mit dem Autor über den Inhalt ermöglicht.

6.4 Neue Wissensspeicher und Wissensvermittlung

Die Rolle der wissenschaftlichen Zeitschriften und der darin veröffentlichten Beiträge als Wissensspeicher und Informationssystem wurde im Abschnitt 5.1 erläutert.

Früher waren Bibliotheken die einzigen großen und zentralen Wissensspeicher. Dem Bibliothekar oblag die Aufgabe die Bücher einzuordnen und zu katalogisieren. Kataloge und Stichwortverzeichnisse dienten dazu, das Wissen verfügbar zu machen. Die Entwicklung ging von den digitalen Katalogen einzelner Bibliotheken zu den vernetzten Katalogen von Bibliotheksverbünden. 1967 wurde mit OCLC[1] ein weltweiter Bibliotheksverbund gegründet mit dem Ziel, das Wissen der Welt innerhalb der Bibliotheken gemeinsam zu verwalten und zu nutzen. Die OCLC-Mitglieder erstellen und verwalten gemeinsam die WorldCat-Datenbank, welche im Mai 2013 die Bestände von 72000 Bibliotheken in 170 Ländern und Regionen umfasste.

In solchen großen Datenbanken können heute Dokumente und deren Inhalte schnell mit Suchmaschinen erschlossen werden. Es handelt sich dabei um Programme, die eine Recherche in einem Computer oder einem Computernetzwerk ermöglichen. Auch das Dokumentations- und Berichtswesen vieler Unternehmen basiert auf dem Einsatz von elektronischen Dateien und Computern. Es beinhaltet zahlreiche schriftliche Dokumente, die u. a. die Produkte, die Prozesse, die Produktion, das Qualitätsmanagement betreffen, und auf die zahlreiche Mitarbeiter zugreifen können. Im Zusammenhang mit Suchmaschinen können auch einzelne Werke von Verlagen oder ein ganzes Verlagsprogramm, in der Regel gegen eine Gebühr, erschlossen werden. Dazu gehören auch fachspezifische Lexika, Zeitschriftenbeiträge und Bücher. Damit verschwindet im Hinblick auf die Bereitstellung und dem Zugang der Unterschied zwischen Datenbanken und

---

[1] Siehe: www.oclc.org

der klassischen Fachliteratur. Sie ergänzen sich heute vielfach und können in Form eines integriertes Informationssystem online genutzt werden.

Die früher in mehreren Bänden angebotenen Lexika und Datensammlungen werden heute in der Regel auch oder nur noch als Online-Datenbank angeboten. Beispiele hierfür sind die Brockhaus Enzyklopädie des zum Bertelsmann-Konzern gehörenden Wissen-Media-Verlages, Ullmanns Enzyklopädie der Technischen Chemie vom Wiley-VCH-Verlag, das RÖMPP-Lexikon Chemie vom Georg-Thieme-Verlag sowie Beilsteins Handbuch der Organischen Chemie, das heute als Beilstein-Datenbank für organische Chemie vom Elsevier-Verlag angeboten wird.

Die wissenschaftlichen Bibliotheken verstehen sich heute mehr und mehr als eine Forschungsstelle, die das webbasierte wissenschaftliche Arbeiten unterstützt. Hierzu wird der Zugang zu „digitalen Bibliotheken" ermöglicht, welche zur Literaturrecherche, zum Dokumentenaustausch und zur Dokumentenanalyse genutzt werden können. Hierzu werden sowohl von den Verlagen als auch von öffentlichen Einrichtungen vermehrt bestehende Bestände erschlossen und in digitalisierter Form zur Verfügung gestellt.

Noch einen Schritt weiter gehen interaktive Datenbanksysteme, bei denen der Text gleichzeitig mit einer aktiven Software verbunden wird, die es ermöglicht, auf Basis der beschriebenen Zusammenhänge individuelle Fragestellung zu bearbeiten und Lösungen zu erarbeiten.

6.5 Interaktive Literaturauswertung

Zahlreiche Fachbücher werden bereits mit zugehörigen Computerprogrammen auf einer beigefügten CD-ROM angeboten. In anderen Fällen werden die Inhalte der Bücher durch zusätzliche Online-Dienste des Verlages ergänzt. Damit werden die Inhalte bzw. das vermittelte Wissen eines Buches direkt anwendbar, so dass der Nutzen für den Leser wesentlich erweitert wird.

1999 wurde vom Springer Verlag „der Dubbel", das traditionelle Taschenbuch für den Maschinenbau in einer elektronischen Version, d. h. als Software, herausgegeben. Es liegt heute in der zweiten Auflage vor (Version

2.0)[1]. Die Software verbindet den Text des Lehr- und Nachschlagewerkes mit multimedialen und interaktiven Elementen, wodurch der „elektronische Dubbel" gegenüber der traditionellen, gedruckten Ausgabe an Mehrwert gewonnen hat. Die elektronische Version erleichtert den Zugriff auf interessierende Textstellen durch Such- und Navigationsfunktionen. Die Version ermöglicht auch die Sicht auf den Text erläuternde Zeichnungen, Gleichungen und Tabellen. Mit dieser weitergehenden Funktionalität eröffnet die Software für den Nutzer neue Möglichkeiten. Neben dem digitalen Text enthält die Software dynamische Videosequenzen technischer Abläufe und interaktive Sequenzen. Dazu gehören ca. 2000 rechenbare mathematische Gleichungen, die in ein Arbeitsblatt übernommen und mit eigenen Werten durchgerechnet werden können. Die Ergebnisse funktionaler Zusammenhänge können auf dieser Basis auch in Form von zwei- oder dreidimensionalen Diagrammen dargestellt werden. Außerdem können eigene Notizen an beliebigen Textstellen eingefügt werden. Diese Stellen werden markiert und können jederzeit per Mausklick aufgerufen werden. Die elektronische Form des „Dubbels" ist ein Beispiel dafür, wie ein Text mit einer Software verbunden werden kann und wie sich beide ergänzen können.

---

[1] Beitz, W.; Grote, K-H. (Hrsg.): DUBBEL interaktiv 2.0. Springer Verlag (2002), CD-ROM mit Begleitheft, ISBN 978-3-540-14943-9

115

Anhang:

Tabelle 1: Griechisches Alphabet

Zeichen	Name
A, α	Alpha
B, β	Beta
Γ, γ	Gamma
Δ, δ	Gelta
E, ε	Epsilon
Z, ζ	Zeta
H, η	Eta
Θ, θ	Theta
I, ι	Iota
K, κ	Kappa
Λ, λ	Lambda
M, μ	My
N, ν	Ny
Ξ, ξ	Xi
O, o	Omikron
Π, π	Pi
P, ρ	Rho
Σ, σ	Sigma
T, τ	Tau
Y, υ	Ypsilon
Φ, φ	Phi
X, χ	Chi
Ψ, ψ	Psi
Ω, ω	Omega

Tabelle 2: Normen und Richtlinien zur Gestaltung von Texten

DIN 461:1973-03:	Graphische Darstellung in Koordinatensystemen
DIN 1301-1:2002-10	Einheiten; Teil 1: Einheitennamen, Einheitenzeichen
DIN 1301-2:1978-02	Einheiten; Teil 2: Allgemein angewendete Teile und Vielfache
DIN 1301-3:1979-10	Einheiten; Teil 3: Umrechnungen für nicht mehr anzuwendende Einheiten
DIN 1302:1999-12	Allgemeine mathematische Zeichen und Begriffe
DIN 1304	Formelzeichen
DIN 1313:1998-12	Größen
DIN 1315:1982-08	Winkel, Begriffe, Einheiten
DIN 1338	Formelschreibweise und Formelsatz
DIN 1422-1	Veröffentlichungen aus Wissenschaft, Technik, Wirtschaft und Verwaltung - Gestaltung von Manuskripten und Typoskripten
DIN 1505-1:	Teil 1: Titelaufnahmen von Schrifttum
DIN 1505-2:	Teil 2: Titelangabe von Dokumenten - Zitierregeln
DIN 1505-3:	Teil 3: Titelangabe von Dokumenten - Verzeichnis zitierter Dokumente
DIN 2330:1993-12	Begriffe und Benennungen; Allgemeine Grundsätze
DIN 5008:2011-04	Schreib- und Gestaltungsregeln für die Textverarbeitung
DIN 16518: 1964-08	Klassifizierungssystem für Schriftarten

Die aktuellen Normen werden unter www.beuth.de aufgeführt.

Weitere Literatur zum Thema:

H. F. Ebel, C. Bliefert, W. Greulich:
Schreiben und Publizieren in den Naturwissenschaften.
5. Auflage, Wiley-VCH, Weinheim (2006)
ISBN 978-3-527-30802-6

W. Russey, H. F. Ebel, C. Bliefert:
How to Write a Successful Science Thesis.
1. Auflage, Wiley-VCH, Weinheim (2006)
ISBN 978-3-527-31298-6

H. F. Ebel, C. Bliefert, W. Russey:
The Art of Scientific Writing.
2. Auflage, Wiley-VCH, Weinheim (2004)
ISBN 978-3-527-29829-7

P. Rechenberg:
Technisches Schreiben
(nicht nur) für Informatiker
Carl Hanser Verlag, München (2006)
ISBN: 978-3-446-40957-6

U. Andermann, M. Drees, F. Grätz:
Wie verfasst man wissenschaftliche Arbeiten? - Ein Leitfaden für das Studium und die Promotion.
3. Auflage, Duden Ratgeber 21 (2006)
ISBN: 978-3-411-05113-7

Umberto Eco:
Wie man eine wissenschaftliche Abschlussarbeit schreibt
13. Auflage, utb Studienbuch, utb Verlag, Stuttgart (2010)
ISBN: 978-3-825-21512-5